KB184189

차시	날짜		빠르기	정확도	확인란
1	월	일	타	%	
2	월	일	타	%	
3	월	일	타	%	
4	월	일	타	%	
5	월	일	타	%	
6	월	일	타	%	
7	월	일	타	%	
8	월	일	타	%	
9	월	일	타	%	
10	월	일	타	%	
11	월	일	타	%	
12	월	일	타	%	

차시	날짜		빠르기	정확도	확인란
13	월	일	타	%	
14	월	일	타	%	
15	월	일	타	%	
16	월	일	타	%	
17	월	일	타	%	
18	월	일	타	%	
19	월	일	타	%	
20	월	일	타	%	
21	월	일	타	%	
22	월	일	타	%	
23	월	일	타	%	
24	월	일	타	%	

이책의 목차

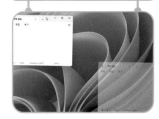

한컴 타자연습과 함께
게임 타자왕을 학습해요!

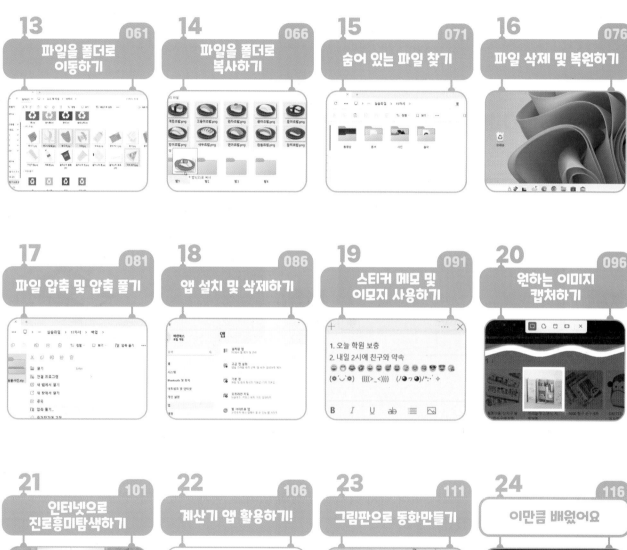

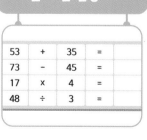

처음 만나는 컴퓨터!

학습목표

★ 컴퓨터 구성 장치 및 컴퓨터 교실에서 지켜야할 예절을 배워요.
★ 컴퓨터를 켜고, 끄는 방법을 알아보아요.

1 컴퓨터 기본 구성에 대해 알아보아요.

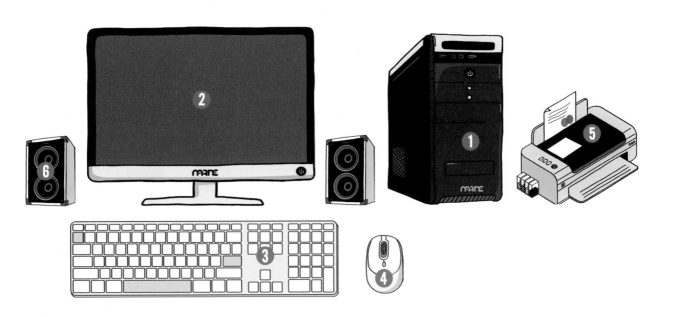

1 **본체 :** 컴퓨터 작동에 필요한 여러 가지 장치들이 모여 있어요. 본체는 모니터, 키보드, 마우스 등을 연결해야만 컴퓨터로 사용할 수 있어요.

2 **모니터 :** 글자, 그림, 영상 등을 모니터 화면으로 보여줘요.

3 **키보드 :** 글자를 입력하거나 컴퓨터에게 어떤 일을 시킬 수 있어요.

4 **마우스 :** 마우스 버튼을 눌러 컴퓨터에게 여러 가지 일을 시킬 수 있어요.

5 **프린터 :** 모니터 화면에 보이는 문서나 사진 등을 종이로 인쇄해줘요.

6 **스피커 :** 음악 등을 들을 수 있도록 소리를 들려줘요.

② 컴퓨터 주변 기기(장치)들은 어떤 일을 할까요?

① 입력 장치(키보드, 마우스) : 사람의 말을 이해하지 못하는 컴퓨터에게 어떤 일을 시킬 때 사용해요.

② 저장 장치(하드디스크, USB) : 우리가 중요한 내용을 노트나 다이어리 등에 적어서 보관한 것처럼 컴퓨터도 저장 장치를 이용하여 자료를 보관해요.

③ 출력 장치(모니터, 프린터, 스피커) : 컴퓨터에게 어떤 일을 시켰을 때 사람이 확인할 수 있도록 글자, 이미지, 영상, 소리 등으로 출력해줘요.

 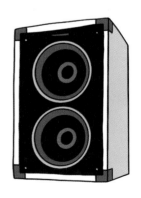 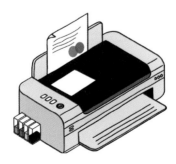

③ 컴퓨터실에서도 지켜야 할 예절이 있나요?

❶ 컴퓨터실에 올 때에는 음식물이나 장난 감을 가지고 오지 않습니다.

❷ 컴퓨터실 선생님과 친구들에게 공손하 고 반갑게 인사합니다.

❸ 돌아다니거나 떠들지 않고 자신의 자리 에 앉아 수업 준비를 합니다.

❹ 수업 중에 궁금한 것이 있을 때에는 조용히 손을 들고 기다립니다.

❺ 선생님의 허락 없이 프로그램을 설치하 거나 삭제하지 않습니다.

❻ 수업이 끝나면 컴퓨터를 끄고 자리를 정리정돈합니다.

④ 컴퓨터를 켜 보세요.

❶ 본체 앞쪽 또는 위쪽에 있는 전원 버튼을 1~2초 정도 눌러요.

❷ 모니터 가운데 또는 오른쪽에 있는 전원 버튼을 1~2초 정도 눌러요.

❸ 일정한 시간이 지나면 모니터에 윈도우 화면이 나올 거예요.

⑤ 컴퓨터를 꺼 보세요.

❶ 윈도우 화면에서 [시작]-[전원]-[시스템 종료] 버튼을 마우스로 클릭하세요.

❷ 일정한 시간이 지나면 본체가 꺼지고 모니터 화면은 검게 보일 거예요.

 팁 한컴 타자왕 교재는 윈도우 11을 기준으로 화면 내용을 보여주지만 모든 윈도우에서 공용으로 사용할 수 있는 기능들 위주로 교재 내용을 구성하였습니다.

더 멋지게 실력쑥쑥

1 쥬니버를 이용하여 원하는 콘텐츠로 마우스를 연습하세요.

💡 쥬니버 마우스 연습.txt 파일을 열어서 경로를 복사한 후 인터넷 주소 칸에 붙여넣어요.

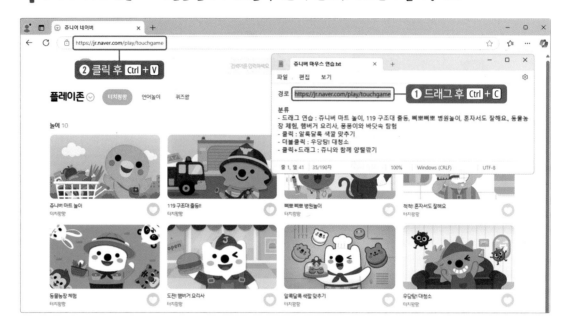

2 '나'는 누구일까요? 내용에 맞는 주변 기기(장치)를 찾아 선으로 이어 보세요.

글자나 그림 등을 볼 수 있도록 종이에 인쇄해줘요. '나'는 누구일까요?

글자를 입력하거나 컴퓨터에게 어떤 일을 시킬 수 있어요. '나'는 누구일까요?

음악 등을 들을 수 있도록 소리를 들려줘요. '나'는 누구일까요?

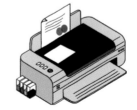

CHAPTER 02

키보드 사용하기

학습목표

★ 한컴 타자를 이용하여 1단계 '자리 연습'을 연습해요.
★ 올바른 컴퓨터 자세와 키보드 특수키 사용 방법을 알아보아요.

━━━━━ **한컴 타자 연습(1단계 자리 연습)** ━━━━━

① 왼손을 키보드 `ㅁ ㄴ ㅇ ㄹ` 위치에 오른손을 키보드 `ㅓ ㅏ ㅣ ;` 위치에 올린 후 **1단계 기본 자리 글쇠**와 손가락 위치를 확인해 보세요.

1단계 기본 자리 글쇠 연습	왼손	오른손
	ㅁ ㄴ ㅇ ㄹ	ㅓ ㅏ ㅣ ;

❷ 한컴 타자를 실행하여 **1단계 [자리 연습]**을 연습하세요.

손목 휴식시간 ： 아래 그림에서 숨어 있는 그림들을 찾아보세요.

열쇠, 카메라, 비행기, 화분, 피자, 깃발, 턴테이블, 도넛, 사과, 자전거

① 컴퓨터 작업을 위한 올바른 자세가 있나요?

① **눈** : 모니터와의 거리는 최소 40cm 이상 거리를 두고 모니터 화면은 자신의 눈높이보다 10~30도 정도 아래쪽으로 기울여 주세요

② **턱** : 턱을 당긴 상태로 자세를 유지해야 거북목이 되는 것을 방지할 수 있어요.

③ **허리** : 허리를 의자 등받이에 붙이고 곧게 펴서 앉는 것이 좋아요.

④ **가슴** : 등이 말리지 않도록 최대한 가슴을 펴고 편안한 자세를 유지하는 것이 좋아요.

⑤ **팔** : 키보드에 손을 얹었을 때 팔꿈치의 각도는 90도 내외가 좋으며, 키보드와 마우스는 팔꿈치 높이와 수평이 되는게 좋아요.

⑥ **손목** : 키보드 받침대를 이용하여 각도를 맞추고 손목을 약간들어 편안하게 맞추세요.

⑦ **손가락** : 엄지를 제외한 나머지 여덟 손가락을 기준키(ㅁㄴㅇㄹ ㅓㅣㅓㅣ) 위에 올려놓아요.

⑧ **다리** : 무릎의 각도를 90도 내외로 맞추고 발을 편안하게 바닥에 닿게 해주세요. 만약, 바닥에 발이 닿지 않을 경우에는 발 받침대를 이용하는 것을 추천해요.

⑨ 컴퓨터를 오랜 시간동안 사용할 경우 30~40분마다 5~10분씩 휴식을 갖는 것이 좋아요.

② 키보드 특수키가 뭐예요?

① **Esc** : 작업 도중에 특정 명령을 취소할 수 있어요.

② **Tab** : 글자를 입력할 때 8칸 띄우거나, 표 안에서 셀을 이동할 수 있어요.

③ **Caps Lock** : 영문을 입력할 때 대문자 또는 소문자를 선택하여 연속으로 입력할 수 있어요.

④ **Shift** : 한글은 쌍자음(ㅃㅉㄸㄲ) 및 이중모음(ㅐㅔ), 영문은 대문자(ABC) 및 소문자(abc), 숫자키는 특수문자(^&^)를 입력할 때 함께 눌러야 해요.

⑤ **Ctrl** : 다른 키와 함께 사용하여 복사, 잘라내기, 붙여넣기 등을 할 수 있으며, 여러 개의 파일을 한 번에 선택할 때도 사용해요.

⑥ : 윈도우 [시작] 메뉴가 열리며, 다른 키와 함께 사용하면 여러 가지 윈도우 기능을 빠르게 실행할 수 있어요.

⑦ **Alt** : 혼자서는 사용할 수 없기 때문에 다른 키와 함께 사용해야 해요.

⑧ **Spacebar** : 글자를 입력할 때 빈 공백을 추가할 수 있어요.

⑨ **한/영** : 글자를 입력할 때 한글 또는 영문을 선택하여 입력할 수 있어요.

⑩ **한자** : 한글을 입력한 후 해당 키를 누르면 원하는 한자를 선택하여 입력할 수 있으며, 자음(ㅁㄴㅇㄹ)만 입력한 후 해당 키를 누르면 특수문자(♣, 【, ①, ㎠)를 입력할 수 있어요.

⑪ **Enter←** : 글자를 입력할 때 줄을 바꾸거나, 프로그램의 특정 명령을 실행할 수 있어요.

⑫ **Backspace** : 글자를 지울 때 현재 커서의 위치를 기준으로 왼쪽 글자를 지울 수 있어요.

⑬ **Insert** : 글자를 입력할 때 삽입 또는 수정 상태로 변경할 수 있어요.

⑭ **Delete** : 글자를 지울 때 현재 커서의 위치를 기준으로 오른쪽 글자를 지울 수 있어요.

⑮ **Home** : 커서의 위치를 해당 줄의 맨 앞쪽으로 한 번에 이동시킬 수 있어요.

⑯ **End** : 커서의 위치를 해당 줄의 맨 끝쪽으로 한 번에 이동시킬 수 있어요.

⑰ **Page up** : 화면에 보이는 내용을 기준으로 한 페이지씩 위쪽으로 이동시킬 수 있어요.

⑱ **Page Down** : 화면에 보이는 내용을 기준으로 한 페이지씩 아래쪽으로 이동시킬 수 있어요.

⑲ **Num Lock** : 해당 키를 눌러 키보드 우측 상단에 불이 켜지면 오른쪽 키패드는 '숫자'를 입력할 수 있으며, 불이 꺼지면 '방향키'로 사용할 수 있어요.

더 멋지게 실력 쑥쑥

1 쥬니버를 이용하여 원하는 콘텐츠로 마우스를 연습하세요.

💡 쥬니버 마우스 연습.txt 파일을 열어서 경로를 복사한 후 인터넷 주소 칸에 붙여넣어요.

2 특수키 Insert 와 Spacebar 를 이용하여 아래 그림처럼 수정해 보세요.

❶ [실습파일]-[특수키] 폴더에서 **스페이스(문제).hwp** 파일을 더블 클릭 하세요.

❷ Spacebar 는 글자를 입력할 때 빈 공백을 추가할 수 있지만 반드시 Insert 가 '삽입' 상태로 되어 있어야 해요.

❸ Insert 는 글자를 입력할 때 '삽입' 또는 '수정' 상태로 변경할 수 있어요.

❹ 원고지에서 '방'를 클릭한 후 Spacebar 를 한 번 눌러 공백을 추가하세요.

❺ 원고지에서 '들'을 클릭한 후 Spacebar 를 한 번 눌러 공백을 추가하세요.

❻ Insert 를 눌러 입력 상태를 '수정'으로 변경하세요. '방'을 클릭한 후 스페이스를 한 번 눌렀을 때 원고지 내용이 어떻게 변경되는지 확인해 보세요.

아	버	지	가	방	에	들	어	가	신	다	.				

아	버	지	가		방	에		들	어	가	신	다	.		

마우스 사용하기

학습목표

★ 한컴 타자를 이용하여 2단계 '자리 연습'을 연습해요.

★ 마우스 잡는 방법과 동작을 배워보아요.

한컴 타자 연습(2단계 자리 연습)

① 왼손을 키보드 ㅁ ㄴ ㅇ ㄹ 위치에 오른손을 키보드 ㅓ ㅏ ㅣ ; 위치에 올린 후 **2단계 왼손 윗글쇠**와 손가락 위치를 확인해 보세요.

2단계 왼손 윗글쇠 연습	왼손	오른손
	ㅂㅈㄷㄱ	

14

② 한컴 타자를 실행하여 **2단계 [자리 연습]**을 연습하세요.

손목 휴식시간 : 아래 그림에서 틀린 부분 6개를 찾아서 오른쪽 그림에 표시해 보세요.

마우스는 어떻게 구성되어 있나요?

마우스는 보통 **2개의 버튼(왼쪽/오른쪽)**과 **휠**로 구성되어 있어요.

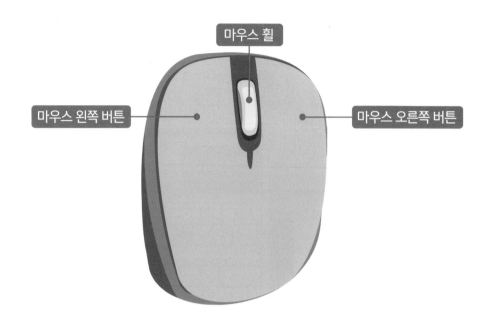

마우스 휠

마우스 왼쪽 버튼

마우스 오른쪽 버튼

2 **마우스 잡는 방법이 궁금해요!**

① 힘을 빼고 계란을 잡듯이 아래 그림처럼 마우스를 손으로 감싸세요.

② 엄지 손가락은 왼쪽 몸통, 검지 손가락은 왼쪽 버튼, 중지 손가락은 오른쪽 버튼, 나머지 손가락은 오른쪽 몸통에 위치시켜 주세요.

 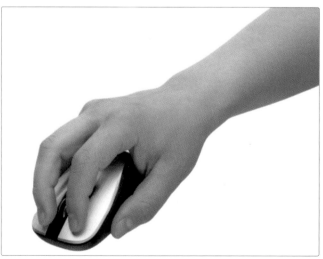

③ 마우스는 어떻게 동작하나요?

① **클릭** : 마우스 왼쪽 버튼을 한 번 눌렀다가 떼는 동작으로 주로 아이콘이나 파일 등을 선택할 때 사용해요.

② **더블 클릭** : 마우스 왼쪽 버튼을 빠르게 두 번 누르는 동작으로 앱 또는 파일 등을 실행할 때 사용해요.

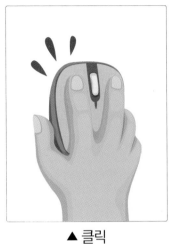

▲ 클릭

▲ 더블 클릭

③ **드래그** : 마우스 왼쪽 버튼을 누른 상태로 마우스를 이동한 후 손을 떼는 동작으로 파일을 이동시키거나 창의 크기를 변경할 때 사용해요.

④ **스크롤** : 마우스 휠을 위-아래로 굴리는 동작으로 모니터 화면에 보이는 내용을 빠르게 위-아래로 이동시킬 때 사용해요.

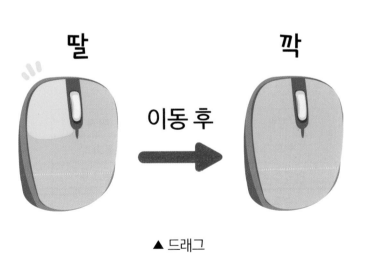

▲ 드래그

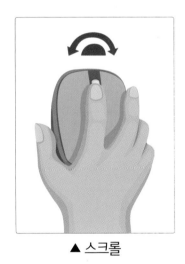

▲ 스크롤

팁 **마우스 포인터** ▷

마우스를 천천히 움직이면 화면에 작은 화살표가 움직이는 것을 볼 수 있는데 이것을 '마우스 포인터'라고 불러요.

더 멋지게 실력 뿜뿜

1 쥬니버를 이용하여 원하는 콘텐츠로 마우스를 연습하세요.

💡 쥬니버 마우스 연습.txt 파일을 열어서 경로를 복사한 후 인터넷 주소 칸에 붙여넣어요.

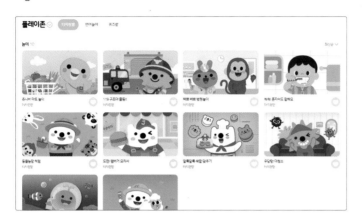

2 특수키 `Tab`을 이용하여 아래 그림처럼 수정해 보세요.

❶ [실습파일]-[특수키] 폴더에서 **탭(문제).hwp** 파일을 더블 클릭 하세요.

❷ `Tab`은 글자를 입력할 때 8칸을 띄우거나, 표 안에서 셀을 이동할 수 있어요.

❸ 표 제목에서 '초' 오른쪽을 클릭한 후 `Tab`을 눌러 8칸을 띄어보세요.

❹ 똑같은 방법으로 나머지 글자들도 8칸씩 띄어보세요.

❺ 표 안에 '짜장면'을 클릭한 후 `Tab`을 눌러 다음 셀로 이동해 보세요.

초등학생이좋아하는음식!

짜장면	탕수육	갈비	떡볶이	피자
햄버거	라면	핫도그	통닭	돈가스
김밥	스파게티	아이스크림	케이크	불고기
소떡소떡	감자튀김	탕후루	마라탕	호떡

초 등 학 생 이 좋 아 하 는 음 식!

짜장면	탕수육	갈비	떡볶이	피자
햄버거	라면	핫도그	통닭	돈가스
김밥	스파게티	아이스크림	케이크	불고기
소떡소떡	감자튀김	탕후루	마라탕	호떡

CHAPTER 04

앱 실행하기

학습목표

★ 한컴 타자를 이용하여 3단계 '자리 연습'을 연습해요.
★ 컴퓨터에 설치된 앱을 다양한 방법으로 실행해 보아요.

한컴 타자 연습(3단계 자리 연습)

① 왼손을 키보드 ㅁㄴㅇㄹ 위치에 오른손을 키보드 ㅓㅏㅣ; 위치에 올린 후 **3단계 검지 글쇠**와 손가락 위치를 확인해 보세요.

3단계 검지 글쇠 연습	왼손	오른손
	ㅅ ㅎ ㅠ	ㅛ ㅗ ㅜ

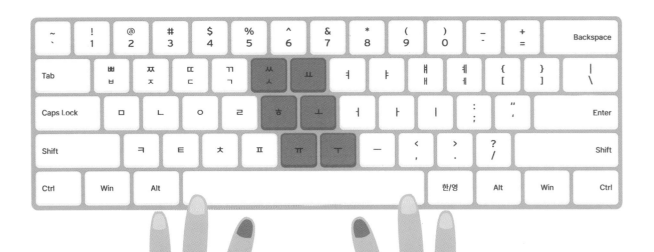

❷ 한컴 타자를 실행하여 **3단계 [자리 연습]**을 연습하세요.

손목 휴식시간 : 아래 그림에서 숨어 있는 마린몬을 찾아보세요.

숨은 마린몬 찾기! :

1 앱이 뭔가요?

앱은 애플리케이션의 약어로 스마트폰에 설치된 모든 소프트웨어를 의미하지만 요즘에는 컴퓨터에 설치된 소프트웨어도 **앱**이라고 불러요.

2 다양한 방법으로 앱을 실행해 볼까요?

1. 컴퓨터에 설치된 앱을 실행하는 방법은 크게 **시작 메뉴, 작업 표시줄, 바탕 화면**을 이용할 수 있어요.

2. [시작] 메뉴에서 마우스 휠을 굴려 **[메모장]** 앱을 찾아서 실행한 후 <**닫기**(×)> 단추를 눌러 앱을 종료하세요.

   💡 윈도우 11은 <시작> 버튼을 누른 후 <모든 앱>을 클릭해 주세요.

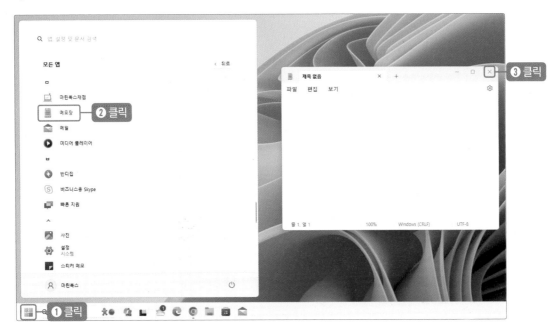

팁 **윈도우 11의 <시작> 버튼을 왼쪽으로 이동시키기**

바탕화면에서 마우스 오른쪽 버튼을 눌러 [개인 설정] 클릭 → 개인 설정 화면에서 [작업 표시줄] 클릭 → [작업 표시줄 동작] 클릭 → 작업 표시줄 맞춤을 '왼쪽'으로 변경

검색(　Q 검색　)을 이용하여 앱 실행하기

검색(찾기) 칸에 앱 이름(Q 메모장)을 입력하여 실행할 수도 있어요.

❸ 이번에는 작업 표시줄에서 **[파일 탐색기]** 앱을 클릭하여 실행한 후 앱을 종료하세요.

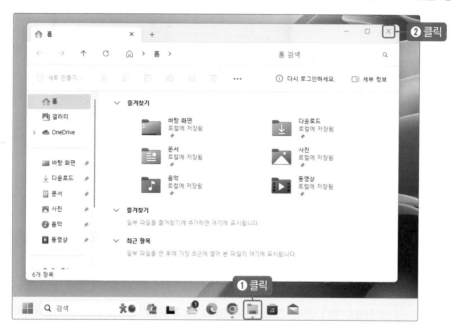

❹ 이번에는 윈도우 바탕화면에서 **[휴지통]** 앱을 더블 클릭하여 실행한 후 앱을 종료하세요.

더 멋지게 실력뿜뿜

 1 쥬니버를 이용하여 원하는 콘텐츠로 마우스를 연습하세요.

💡 쥬니버 마우스 연습.txt 파일을 열어서 경로를 복사한 후 인터넷 주소 칸에 붙여넣어요.

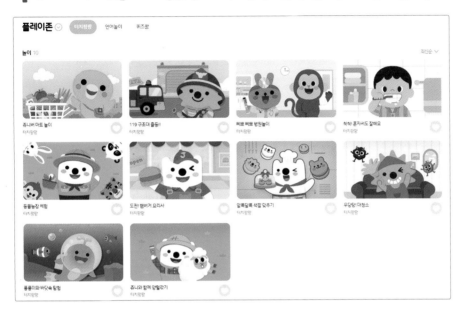

2 특수키 Backspace 를 이용하여 아래 그림처럼 수정해 보세요.

① [실습파일]-[특수키] 폴더에서 **백스페이스(문제).hwp** 파일을 더블 클릭 하세요.

② Backspace 는 글자를 지울 때 현재 커서의 위치를 기준으로 왼쪽 글자를 지울 수 있어요.

③ '?'를 클릭한 후 Backspace 를 3번 눌러 공백을 지워보세요.(커서가 '?' 뒤쪽이 아닌 바로 왼쪽에 위치)

④ '초'자를 클릭한 후 Backspace 를 5번 눌러 공백과 글자를 지워보세요.

방	학	동	:		초	등	학	생	이		가	장		좋	아	하	는	
동	네	는			?													

초	등	학	생	이		가	장		좋	아	하	는		동	네	는	?	

CHAPTER 05

창을 내 마음대로 다루기

학습목표

★ 한컴 타자를 이용하여 4단계 '자리 연습'을 연습해요.
★ 마우스로 창의 크기를 조절하고 창 조절 단추로 창을 제어할 수 있어요.

・・・・・・・・・・・・ **한컴 타자 연습(4단계 자리 연습)** ・・・・・・・・・・・・

① 왼손을 키보드 ⬜ㅁ⬜ㄴ⬜ㅇ⬜ㄹ 위치에 오른손을 키보드 ㅓ ㅏ ㅣ ⬜ 위치에 올린 후 **4단계 오른손 윗글쇠**
와 손가락 위치를 확인해 보세요.

4단계 오른손 윗글쇠 연습	왼손	오른손
		ㅕ ㅑ ㅒ ㅖ

24

❷ 한컴 타자를 실행하여 **4단계 [자리 연습]**을 연습하세요.

손목 휴식시간 : 아래 그림에서 숨어 있는 그림들을 찾아보세요.

쉐프모자

온도계

바나나

편지

텀블러

번개

1 마우스로 드래그하여 창의 크기를 변경해 볼까요?

① [메모장]을 실행한 후 창의 **위쪽, 아래쪽, 왼쪽, 오른쪽, 모서리** 라인 중에서 원하는 곳에 마우스 포인터를 이동시켜 주세요.

② 마우스 포인터가 화살표 모양으로 변경되면 드래그하여 창의 크기를 변경해 보세요.

💡 창의 모서리는 가로/세로 크기를 동시에 변경할 수 있어요.

2 창의 위치도 변경해 볼까요?

① 마우스 포인터를 창의 **제목 표시줄**로 이동시킨 후 원하는 위치로 드래그하세요.

💡 창의 제목 표시줄을 드래그해야 위치를 이동시킬 수 있어요.

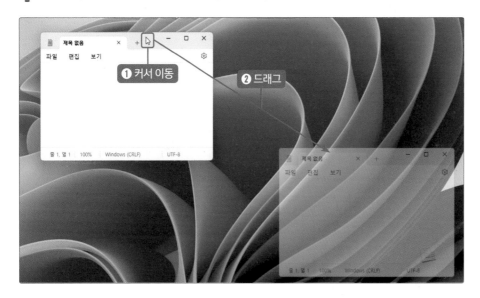

③ 창 크기 조절 단추로 창을 제어해 볼까요?

① [메모장] 창에서 <최소화(➖)> 단추를 눌러 창을 숨겨보세요. 숨겨진 [메모장]은 작업 표시줄에서 [메모장] 아이콘을 클릭하면 다시 화면에 나타나요.

② [메모장] 창에서 <최대화(🔲)> 단추를 눌러 창을 화면에 꽉 채워보세요.

 팁 **스냅 레이아웃**
윈도우 11은 최대화 단추에 마우스 포인터를 이동시키면 여러 창을 동시에 띄울 수 있도록 '스냅 레이아웃'이 나타나요!

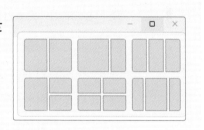

③ 전체 화면 상태인 [메모상]을 <이전 크기로 복원(🗗)> 단추를 눌러 원래 창 크기로 변경해 보세요.

④ <닫기(❌)> 단추를 눌러 [메모장]을 종료해 주세요.

더 멋지게 실력 쑥쑥

1 쥬니버를 이용하여 원하는 콘텐츠로 마우스를 연습하세요.

💡 쥬니버 마우스 연습.txt 파일을 열어서 경로를 복사한 후 인터넷 주소 칸에 붙여넣어요.

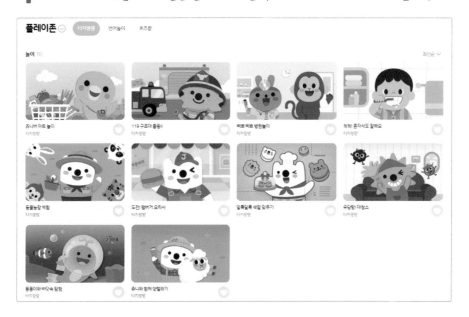

2 특수키 Delete 를 이용하여 아래 그림처럼 수정해 보세요.

① [실습파일]-[특수키] 폴더에서 **딜리트(문제).hwp** 파일을 더블 클릭 하세요.

② Delete 는 글자를 지울 때 현재 커서 위치를 기준으로 오른쪽의 글자를 지울 수 있어요.

③ '는'자 앞의 빈 칸을 클릭한 후 Delete 를 3번 눌러 공백을 지워보세요.

④ '열'자 앞의 빈 칸을 클릭한 후 Delete 를 2번 눌러 공백을 지워보세요.

⑤ '바'자 앞의 빈 칸을 클릭한 후 Delete 를 2번 눌러 공백을 지워보세요.

세	상	에	서		가	장		뜨	거	운		바	다	는			?	
열			바			다												

세	상	에	서		가	장		뜨	거	운		바	다	는	?			
열	바	다																

CHAPTER 06

창 관리하기

학습목표

★ 한컴 타자를 이용하여 5단계 '자리 연습'을 연습해요.
★ 창을 다양한 방법으로 관리할 수 있어요.

·········· **한컴 타자 연습(5단계 자리 연습)** ··········

① 왼손을 키보드 ⬚⬚⬚⬚ 위치에 오른손을 키보드 ⬚⬚⬚⬚ 위치에 올린 후 **5단계 왼손 아랫글쇠**
와 손가락 위치를 확인해 보세요.

5단계 왼손 아랫글쇠 연습	왼손	오른손
	ㅋ ㅌ ㅊ ㅍ	

② 한컴 타자를 실행하여 **5단계 [자리 연습]**을 연습하세요.

손목 휴식시간 : 아래 그림에서 틀린 부분 8개를 찾아서 오른쪽 그림에 표시해 보세요.

1 창의 크기를 모니터 화면에 맞추어 변경해 볼까요?

❶ **[메모장]**을 실행한 후 제목 표시줄에 마우스 포인터를 이동시켜 주세요.

❷ [메모장]을 모니터 화면의 **왼쪽, 오른쪽, 위쪽, 모서리** 끝으로 드래그하여 창의 크기를 모니터 화면 크기에 맞추어 다양하게 변경해 보세요.

💡 창의 제목 표시줄을 드래그해야 위치를 이동시킬 수 있어요.

2 키보드를 이용하여 창의 크기를 변경할 수도 있어요!

❶ [메모장]의 제목 표시줄을 클릭하여 선택해 주세요.

❷ 윈도우(⊞) 키를 누른 상태에서 **방향키**(←, →, ↑, ↓)를 눌러 창의 크기를 모니터 화면 크기에 맞추어 다양하게 변경해 보세요.

3 여러 개의 창을 정리하기

❶ 크기가 변경된 [메모장]의 제목 표시줄을 화면 가운데로 드래그하여 원래 크기로 변경한 후 **[그림판]**
을 실행하세요.

💡 [시작] 메뉴 또는 검색(찾기) 칸을 이용하여 [그림판] 앱을 실행하세요.

❷ [메모장]의 제목 표시줄을 **모니터 화면 오른쪽 끝**으로 드래그한 후 왼쪽에 표시된 **[그림판]**을 클릭
하여 창을 **좌-우로 배치**해주세요.

❸ <닫기(×)> 단추를 눌러 [그림판]과 [메모장]을 종료해 주세요.

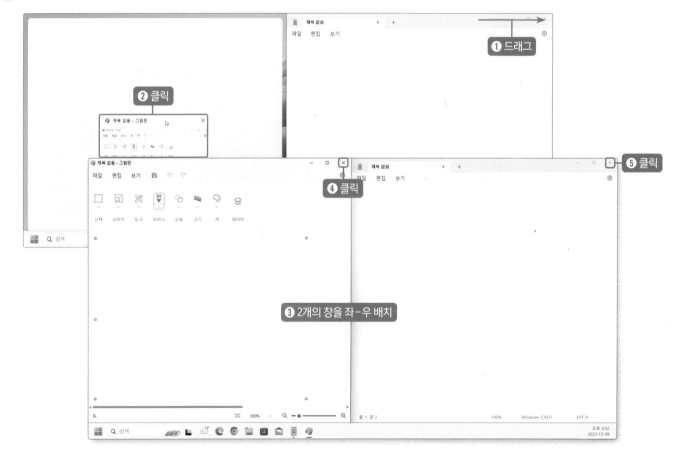

더 멋지게 실력 쑥쑥

1 쥬니버를 이용하여 원하는 콘텐츠로 마우스를 연습하세요.

💡 쥬니버 마우스 연습.txt 파일을 열어서 경로를 복사한 후 인터넷 주소 칸에 붙여넣어요.

2 특수키 [Enter↲]를 이용하여 아래 그림처럼 수정해 보세요.

① [실습파일]-[특수키] 폴더에서 **엔터(문제).hwp** 파일을 더블 클릭 하세요.

② [Enter↲]는 글자를 입력할 때 줄을 바꿀 수 있어요.

③ 첫 번째 줄에서 '정'을 클릭한 후 [Enter↲]를 눌러 줄을 바꿔보세요.(커서가 '정' 뒤쪽이 아닌 바로 왼쪽에 위치)

④ 세 번째 줄에서 '정'을 클릭한 후 [Enter↲]를 눌러 줄을 바꿔보세요.

초	등	학	생	이		가	장		좋	아	하	는		동	네	는	?	정
답	:	방	학	동														
	세	상	에	서		가	장		뜨	거	운		바	다	는	?	정	답	:
열	바	다																

초	등	학	생	이		가	장		좋	아	하	는		동	네	는	?
정	답	:	방	학	동												
	세	상	에	서		가	장		뜨	거	운		바	다	는	?	
정	답	:	열	바	다												

CHAPTER 09

창 전환 및 숨기기

학습목표

★ 한컴 타자를 이용하여 6단계 '자리 연습'을 연습해요.
★ 창을 다양한 방법으로 전환하고 숨길 수 있어요.

─────── 한컴 타자 연습(6단계 자리 연습) ───────

❶ 왼손을 키보드 ㅁㄴㅇㄹ 위치에 오른손을 키보드 ㅗㅓㅏㅣ 위치에 올린 후 **6단계 오른손 아랫글쇠**와 손가락 위치를 확인해 보세요.

6단계 오른손 아랫글쇠 연습	왼손	오른손
		ㅡ, .

34

❷ 한컴 타자를 실행하여 **6단계 [자리 연습]**을 연습하세요.

손목 휴식시간 : 아래 그림에서 숨어 있는 마린몬을 찾아보세요.

숨은 마린몬 찾기! :

여러 개의 앱을 실행한 후 창을 정리해 보아요. ....

① [메모장], [워드패드], [파일 탐색기], [엣지]를 실행하세요.

💡 마이크로소프트 엣지(Edge)가 아닌 구글 크롬을 실행해도 상관없어요.

② [메모장]의 제목 표시줄을 **모니터 화면의 모서리 끝**으로 드래그하여 아래 그림처럼 창을 정리해 보세요.

② **다양한 방법으로 작업 창을 선택(이동)할 수 있어요!** ....

① 4개의 창 중에서 원하는 창의 **제목 표시줄을 클릭**하거나, 작업 표시줄에 표시된 **아이콘을 클릭**하여 창을 선택(이동)할 수 있어요.

💡 창이 선택되면 작업 표시줄의 색상과 글자의 색상이 변경돼요.

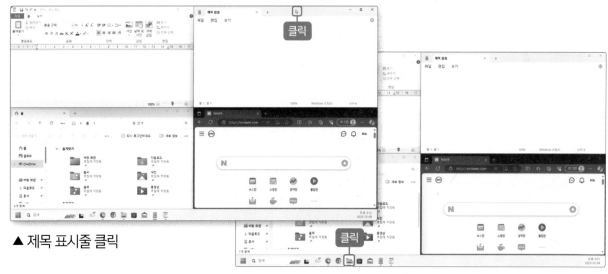

▲ 제목 표시줄 클릭

▲ 작업 표시줄 아이콘 클릭

② **Alt** 를 누른 상태에서 **Tab** 을 누르면 화면 중앙에서 원하는 작업 창을 선택(이동)할 수 있어요.

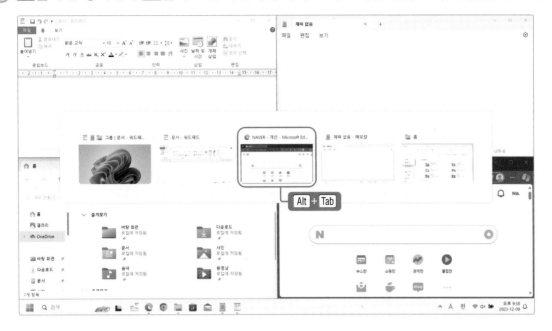

---

③ 모든 창을 한 번에 최소화시키는 방법도 있어요!

① 작업 표시줄 오른쪽 끝의 **바탕화면 보기 단추**를 클릭하면 모든 창이 최소화되어 바탕화면이 보이고, 다시 클릭하면 원래 상태로 되돌아가요.

② 모든 창이 최소화된 상태에서 원하는 아이콘을 클릭하면 해당 앱만 활성화시킬 수 있어요.

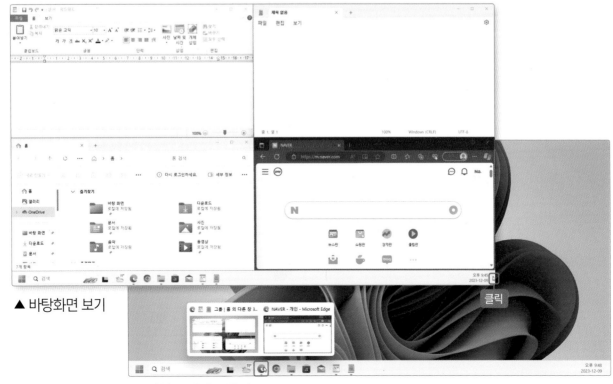

▲ 바탕화면 보기

▲ 원하는 아이콘 클릭

더 멋지게 실력 뿜뿜

1 쥬니버를 이용하여 원하는 콘텐츠로 마우스를 연습하세요.

💡 쥬니버 마우스 연습.txt 파일을 열어서 경로를 복사한 후 인터넷 주소 칸에 붙여넣어요.

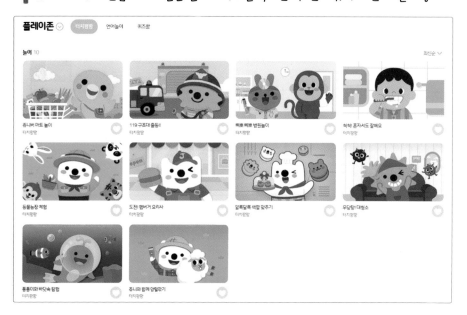

2 특수키 Home 과 End 를 이용하여 아래 그림처럼 수정해 보세요.

❶ [실습파일]-[특수키] 폴더에서 **홈-엔드(문제).hwp** 파일을 더블 클릭 하세요.

❷ Home 은 커서의 위치를 해당 줄의 맨 앞쪽으로 한 번에 이동시켜요.

❸ End 는 커서의 위치를 해당 줄의 맨 끝쪽으로 한 번에 이동시켜요.

❹ End 를 눌러 끝쪽으로 이동한 후 '요' 글자를 지우고 점(.)을 입력하세요.

❺ Home 을 눌러 앞쪽으로 이동한 후 '왕' 글자를 지우세요.

왕	개	구	리		올	챙	이		적		생	각		못		한	다	요

	개	구	리		올	챙	이		적		생	각		못		한	다	.

CHAPTER 08

바탕화면 및 테마 변경하기

학습목표

★ 한컴 타자를 이용하여 7단계 '자리 연습'을 연습해요.
★ 바탕화면 및 테마를 다양하게 변경할 수 있어요.

·········· **한컴 타자 연습(7단계 자리 연습)** ··········

① 왼손을 키보드 ㅁㄴㅇㄹ 위치에 오른손을 키보드 ㅏㅓㅣ; 위치에 올린 후 **7단계 왼손 쌍자음**과
손가락 위치를 확인해 보세요.

7단계 왼손 쌍자음 연습	왼손	오른손
	ㅃ ㅉ ㄸ ㄲ ㅆ	Shift

② 한컴 타자를 실행하여 **7단계 [자리 연습]**을 연습하세요.

손목 휴식시간 : 아래 그림에서 숨어 있는 그림들을 찾아보세요.

- 딸기
- 동전
- 시계
- 꽃병
- 전구
- 자물쇠
- 아령

① 바탕화면을 예쁘게 변경해 보아요. ━━━━━━━━━━━━━

❶ 아무 것도 없는 바탕화면 위에서 마우스 오른쪽 버튼을 눌러보세요. 바로 가기 메뉴가 나오면 **[개인 설정]**을 클릭하세요.

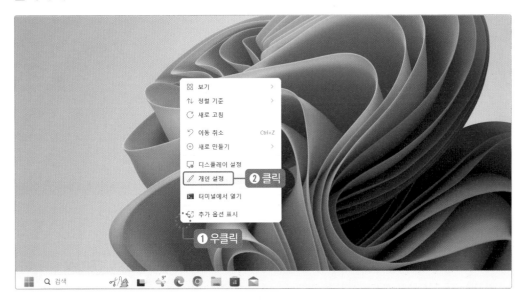

❷ **[개인 설정]** 창이 나오면 **[배경]**에서 원하는 이미지를 선택한 후 창을 닫고 바탕화면 배경을 확인해 보세요.

💡 윈도우 11은 [개인 설정] 화면에서 '배경'을 클릭한 후 원하는 이미지를 선택하세요.

팁 **컴퓨터에 저장된 이미지로 배경 변경하기**

컴퓨터에 저장된 이미지를 이용하여 배경을 변경할 경우에는 〈사진 찾아보기〉를 클릭한 후 원하는 이미지를 선택하세요. [실습파일]-[8차시] 폴더에 다양한 이미지가 있으니 직접 변경해 보세요.

② 나에게 맞는 테마로 변경해 보아요.

① 바탕화면 위에서 마우스 오른쪽 버튼을 눌러 **[개인 설정]**을 클릭하세요.

② [개인 설정] 창이 나오면 **[테마]**를 클릭해주세요. [테마] 화면으로 바뀌면 원하는 테마를 선택하여 윈도우가 어떻게 바뀌는지 확인한 후 다시 원래 테마로 변경해 주세요.

💡 [테마] 창을 닫지 않고 테마만 변경하여 확인한 후 다시 원래 테마를 선택해 주세요.

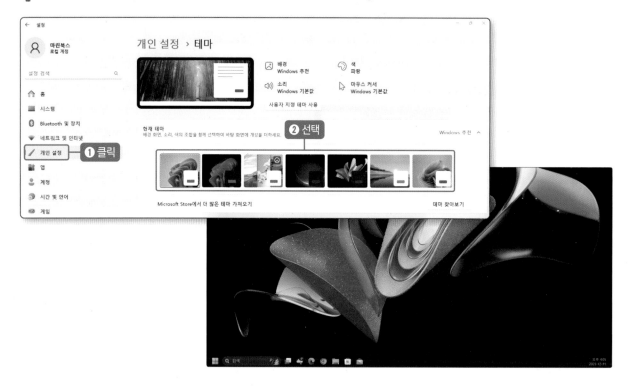

팁 **테마**

테마는 배경과 다르게 '배경, 색, 소리, 마우스 커서' 등을 한 번에 변경할 수 있어요.

더 멋지게 실력뿜뿜

1 쥬니버를 이용하여 원하는 콘텐츠로 마우스를 연습하세요.

💡 쥬니버 마우스 연습.txt 파일을 열어서 경로를 복사한 후 인터넷 주소 칸에 붙여넣어요.

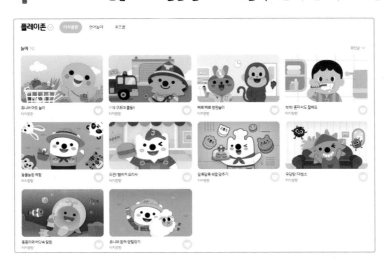

2 특수키 Page up 과 Page Down 를 이용하여 한 페이지씩 이동해 보세요.

1 [실습파일]-[특수키] 폴더에서 **페이지업-다운(문제).hwp** 파일을 더블 클릭 하세요.

2 Page up 은 화면에 보이는 내용을 기준으로 한 페이지씩 위쪽으로 이동시킬 수 있어요.

3 Page Down 은 화면에 보이는 내용을 기준으로 한 페이지씩 아래쪽으로 이동시킬 수 있어요.

4 Page Down 을 눌러 첫 번째 페이지의 문제와 정답을 확인해 보세요.

5 Page Down 을 눌러 두 번째 페이지의 문제와 정답을 확인해 보세요.

6 Page up 을 눌러 첫 번째 페이지의 맨 위쪽으로 커서를 이동시켜 보세요.

NO. 1

말	은		말	인	데		타	지		못	하	는		말	은	?		

NO. 2

귀	는		귀	인	데		못		듣	는		귀	는	?				

CHAPTER 09

그림판 앱으로 색칠하기

학습목표

★ 한컴 타자를 이용하여 8단계 '자리 연습'을 연습해요.
★ [그림판]을 이용하여 예쁜 그림을 그릴 수 있어요.

──────── 한컴 타자 연습(8단계 자리 연습) ────────

① 왼손을 키보드 ㅁ ㄴ ㅇ ㄹ 위치에 오른손을 키보드 ㅣ ㅏ ㅣ ; 위치에 올린 후 **8단계 오른손 이중모음**과 손가락 위치를 확인해 보세요.

8단계 오른손 이중모음 연습	왼손	오른손
	Shift	ㅒ ㅖ

❷ 한컴 타자를 실행하여 **8단계 [자리 연습]**을 연습하세요.

🖐 **손목 휴식시간** ┊ 아래 그림에서 틀린 부분 6개를 찾아서 오른쪽 그림에 표시해 보세요.

그림판 앱을 실행하여 예쁘게 색칠해 보아요. ·····················

① [그림판]을 실행한 후 [파일]-[열기]를 클릭하세요. [열기] 대화상자가 나오면 파일 형식을 모든 파일로 변경한 후 [실습파일]-[9차시] 폴더에서 **색칠하기** 파일을 불러오세요.

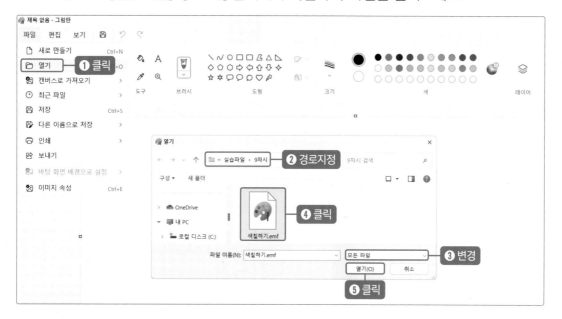

② 그림 도안이 나오면 **채우기**(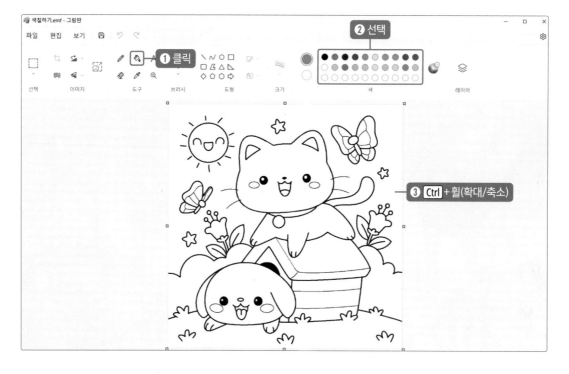) 아이콘을 클릭한 후 [색]에서 원하는 색상을 선택하세요.

💡 윈도우 10은 색 채우기() 아이콘을 클릭하세요.

❸ 선택된 색상으로 색칠할 부분을 클릭해 보세요. 색이 채워지면 똑같은 방법으로 나머지 부분도 예쁘게 색칠해 보세요.

 팁 **실행 취소**
색칠을 하다가 틀렸을 경우에는 [그림판] 위쪽에 실행 취소(↩) 아이콘을 클릭하거나, Ctrl + Z 를 눌러 다시 색칠하세요.

② 완성된 그림을 저장해 보세요.

❶ **[파일]-[저장]**을 클릭하세요. [다른 이름으로 저장] 대화상자가 나오면 파일 형식을 JPEG로 변경한 후 바탕화면에 저장하세요.

❷ 모든 창을 최소화시킨 후 바탕화면에 저장된 그림을 확인해 보세요.

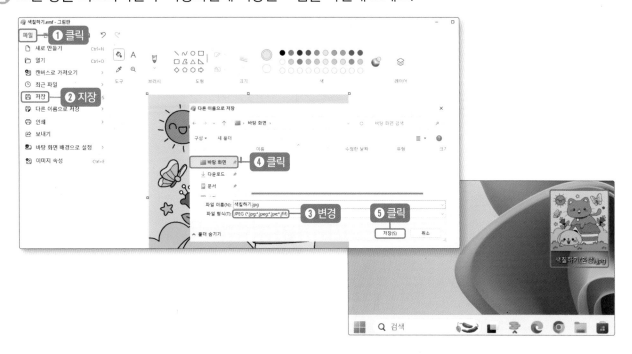

더 멋지게 실력쑴쑴

1 쥬니버를 이용하여 원하는 콘텐츠로 마우스를 연습하세요.

💡 쥬니버 마우스 연습.txt 파일을 열어서 경로를 복사한 후 인터넷 주소 칸에 붙여넣어요.

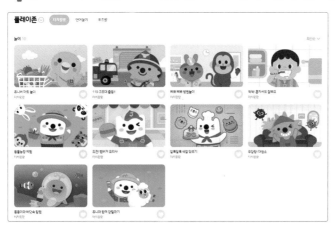

2 특수키 Alt + Page up, Alt + Page Down 을 조합하여 한 페이지씩 이동해 보세요.

❶ [실습파일]-[특수키] 폴더에서 **페이지업-다운조합(문제).hwp** 파일을 더블 클릭 하세요.

❷ Alt + Page up 은 한 페이지씩 위쪽으로 이동하되 페이지 첫 번째 글자로 커서가 이동해요.

❸ Alt + Page Down 은 한 페이지씩 아래쪽으로 이동하되 페이지 첫 번째 글자로 커서가 이동해요.

❹ Alt + Page Down 을 눌러 페이지마다 시작되는 문제 내용을 확인한 후 마우스 휠을 굴려서 아래쪽에 입력된 정답 내용을 확인하세요.

❺ 정답을 확인한 후 다시 Alt + Page Down 을 눌러 문제와 정답 내용을 확인해 보세요.

❻ 마지막 페이지에서 Alt + Page up 을 눌러 위쪽 페이지로 이동해 보세요.

NO. 1

말	은		말	인	데		타	지		못	하	는		말	은	?	

NO. 2

귀	는		귀	인	데		못		듣	는		귀	는	?	

NO. 3

묵	은		묵	인	데		먹	지		못	하	는		묵	은	?	

새로운 폴더 만들기

온라인 한컴 타자 연습(전체 자리 연습)

① 왼손을 키보드 ⬚⬚⬚⬚ 위치에 오른손을 키보드 ⬚⬚⬚⬚ 위치에 올린 후 **전체 글쇠**와 손가락 위치를 확인해 보세요.

전체 글쇠 연습	왼손	오른손
	왼손 모든 글쇠	오른손 모든 글쇠

② 한컴 타자를 실행한 후 **[한컴 타자연습(웹)]**을 클릭합니다. 온라인 한컴 타자가 열리면 [타자연습]-[자리 연습]에서 **[전체자리]**를 연습하세요.

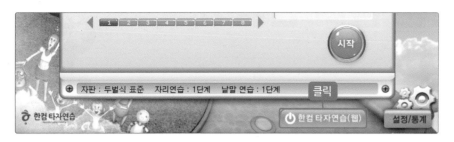

┄┄┄ **손목 휴식시간** ┊ 아래 그림에서 숨어 있는 마린몬을 찾아보세요.

숨은 마린몬 찾기! :
두 군데 있어요!

새로운 폴더를 만들어 보아요.

① [파일 탐색기]를 실행한 후 [실습파일]–[10차시] 폴더를 찾아 더블 클릭하세요.

② 폴더가 열리면 [새로 만들기]–[폴더]를 클릭한 후 Enter↵ 를 눌러 [새 폴더]를 만드세요.

💡 윈도우 10은 위쪽 [새로 만들기] 메뉴에서 [새 폴더]를 클릭하세요.

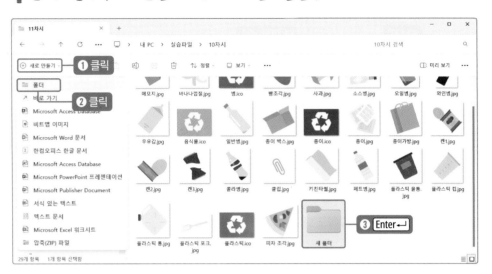

폴더의 이름을 바꾸어 보아요.

① **플라스틱** 그림을 마우스로 클릭한 후 F2 를 누르세요. 파일 이름에 파란색 음영이 나오면 Ctrl + C 를 눌러 파일 이름을 복사하세요.

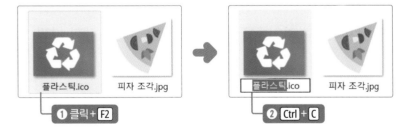

 팁 **이름 변경 및 확장자**

① 파일이나 폴더의 이름을 변경할 때는 F2 를 눌러 변경할 수 있어요. 파일 이름 뒤에 붙는 확장자는 파일의 종류를 구분하기 위한 것으로 마침표(.)를 찍고 알파벳(.jpg)을 붙여요.

② 확장자 종류 : .jpg(이미지), .mp3(음악), .mp4(동영상), .hwp(아래 한글), pptx(파워포인트), show(한쇼), .ico(폴더 이미지) 등

❷ 새롭게 만든 [새 폴더]를 클릭한 후 [F2]를 누르세요. 폴더 이름에 파란색 음영이 나오면 [Ctrl]+[V]를 눌러 복사한 이름을 붙여넣으세요.

 팁 **복사 및 붙여넣기 바로 가기 키**
① [Ctrl]+[C](복사) : 파일 이름, 파일, 폴더 등을 복사할 수 있어요.
② [Ctrl]+[V](붙여넣기) : 복사한 파일 이름, 파일, 폴더 등을 원하는 곳에 붙여넣을 수 있어요.

❸ 똑같은 방법으로 아래 그림처럼 3개의 폴더를 더 만든 후 파일의 이름을 복사하여 변경해 보세요.

💡 [새 폴더]가 만들어지면 폴더 이름을 직접 입력해도 돼요!

③ 파일 정보를 자세하게 확인해 보세요.

❶ [파일 탐색기] 오른쪽 아래 부분에서 **자세히**(≡) 아이콘을 누르면 폴더 및 파일에 대한 **날짜, 유형, 크기** 등의 정보를 볼 수 있어요.

💡 자세히 옆에 있는 '큰 미리 보기(▢)' 아이콘을 누르면 아이콘을 크게 볼 수 있어요.

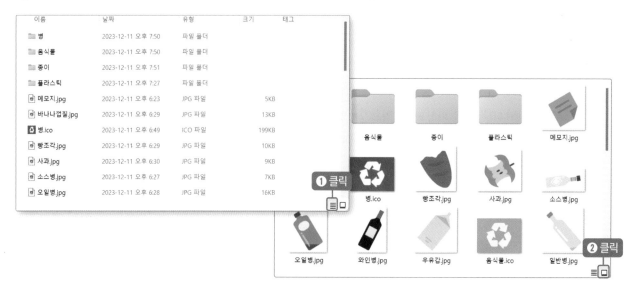

더 멋지게 실력 쁨뿜

1 쥬니버를 이용하여 원하는 콘텐츠로 마우스를 연습하세요.

💡 쥬니버 마우스 연습.txt 파일을 열어서 경로를 복사한 후 인터넷 주소 칸에 붙여넣어요.

2 특수키 Shift 를 이용하여 아래 그림처럼 입력해 보세요.

❶ [실습파일]-[특수키] 폴더에서 **쉬프트(문제).hwp** 파일을 더블 클릭 하세요.

❷ Shift 는 한글은 쌍자음(ㅃㅉㄸㄲㅆ) 및 이중모음(ㅒㅖ), 영문은 대문자(ABC) 및 소문자(abc), 숫자키는 특수문자(^&^)를 입력할 때 함께 눌러야 해요.

❸ Insert 를 '수정' 상태로 변경한 후 첫 번째 줄에 영어 대문자와 소문자를 입력하세요.

❹ 두 번째 줄의 '=' 다음 빈 칸을 클릭하여 한글을 입력하세요.

❺ 세 번째 줄의 앞쪽 또는 뒷쪽 빈 칸을 클릭하여 특수문자를 입력하세요.

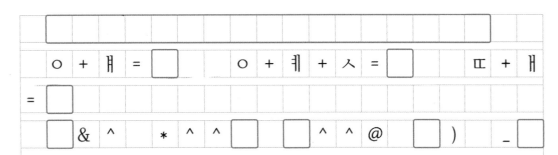

A	a	A	a	A	a	A	a		J	j	J	j	J	j	J	j

ㅇ	+	ㅐ	=	애		ㅇ	+	ㅖ	+	ㅅ	=	옛		ㄸ	+	ㅐ	=	때

^	&	^		*	^	^	*		@	^	^	@		:	)		_	_

CHAPTER 11

폴더 모양 변경 및 파일 분류하기

학습목표

★ 온라인 한컴 타자를 이용하여 '숫자자리'를 연습해요.
★ 폴더 모양을 변경한 후 보기 쉽게 파일별을 분류시켜 보세요.

온라인 한컴 타자 연습(숫자 자리 연습)

① 왼손을 키보드 ⬜⬜⬜⬛ 위치에 오른손을 키보드 ⬛⬜⬜⬜ 위치에 올린 후 **숫자 글쇠**와 손가락 위치를 확인해 보세요.

숫자 글쇠 연습	왼손	오른손
	1 2 3 4 5	6 7 8 9 0

54

② 한컴 타자를 실행한 후 **[한컴 타자연습(웹)]**을 클릭합니다. 온라인 한컴 타자가 열리면 [타자연습]-[자리 연습]에서 **[숫자자리]**를 연습하세요.

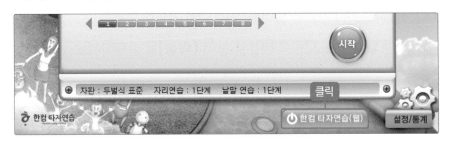

손목 휴식시간 : 아래 그림에서 숨어 있는 그림들을 찾아보세요.

냄비, 밥그릇, 벙어리장갑, 소파, 양말, 집, 냉장고, 선물상자

폴더 모양을 변경해 보아요. ∙∙∙

❶ **[파일 탐색기]**를 실행한 후 [실습파일]–[11차시] 폴더를 찾아 더블 클릭하세요.

❷ 폴더가 열리면 **[병]** 폴더를 선택한 후 마우스 오른쪽 버튼을 눌러 **[속성]**을 클릭하세요.

❸ [병] 속성 대화상자가 나오면 **[사용자 지정]** 탭에서 **<아이콘 변경>**을 클릭하세요. [병 폴더의 아이
콘 바꾸기] 대화상자가 나오면 **<찾아보기>**를 클릭하세요.

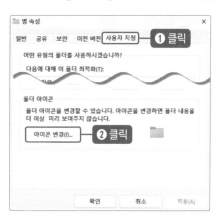 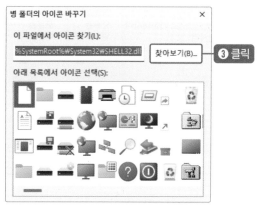

❹ [병 폴더의 아이콘 바꾸기] 대화상자가 나오면 [실습파일]–[11차시] 폴더에서 **병.ico**를 선택한 후
<열기>를 클릭하세요.

❺ 아이콘이 선택되면 <확인> → <확인>을 클릭하여 대화상자를 닫으세요.

 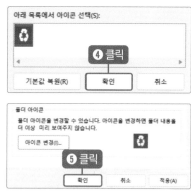

⑥ 똑같은 방법으로 나머지 3개의 폴더들도 아래 그림을 참고하여 모양을 변경해 보세요.

병　　　　　　음식물　　　　　　종이　　　　　　플라스틱

② 파일들을 관리하기 편하게 정리해 볼까요?

❶ 파일 및 폴더가 없는 빈 곳에서 마우스 오른쪽 버튼을 눌러 **[분류 방법]-[유형]**을 선택해 보세요. 폴더 안의 모든 파일 및 폴더들이 유형별로 분류될 거예요.

💡 마우스 오른쪽 버튼을 눌러 [분류 방법]-(없음)을 지정하면 원래 상태로 되돌아가요.

❷ 유형별로 분류된 상태에서 다시 마우스 오른쪽 버튼을 눌러 **[정렬 기준]-[이름]**을 선택해 보세요. 유형별로 분류된 폴더 및 파일들이 다시 이름별로 정렬될 거예요.

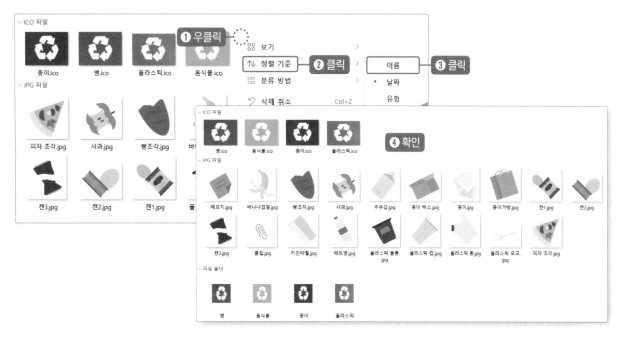

더 멋지게 실력뿜뿜

1 쥬니버를 이용하여 원하는 콘텐츠로 마우스를 연습하세요.

💡 쥬니버 마우스 연습.txt 파일을 열어서 경로를 복사한 후 인터넷 주소 칸에 붙여넣어요.

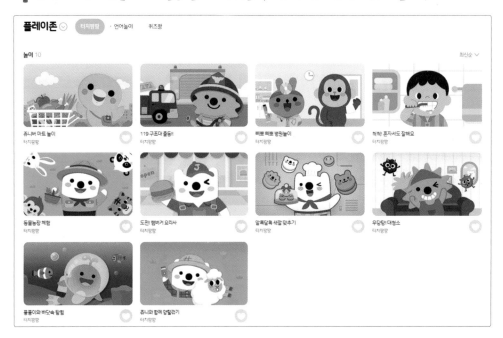

2 특수키 [한/영]을 이용하여 아래 그림처럼 입력해 보세요.

> ❶ [실습파일]–[특수키] 폴더에서 **한영(문제).hwp** 파일을 더블 클릭 하세요.
>
> ❷ [한/영]은 글자를 입력할 때 '한글' 또는 '영문'을 선택하여 입력할 수 있어요.
>
> ❸ 한글 '나라'를 입력하고 한 칸 띄운 후 영어 'aaaa'를 입력하세요.
>
> ❹ 나머지 빈 칸도 '한글'과 '영문'을 번갈아가며 입력해 보세요.

	나	라	aa	aa	나	라	aa	aa	나	라	aa	aa		
aa	aa		나	라	aa	aa		나	라	aa	aa		나	라

CHAPTER 12

이만큼 배웠어요

학습목표

★ 한컴 타자 프로그램의 '케이크던지기'를 이용하여 본인의 타자 실력을 확인해 보세요.

★ 사지선다 문제로 컴퓨터 기본 실력을 확인해 보세요.

[케이크던지기] 게임으로 타자 실력 확인하기

① 한컴 타자를 이용하여 **[케이크던지기]**를 실행합니다.

② 본인의 실력에 맞는 레벨을 선택하여 타자 실력을 확인합니다.

01 다음 중 컴퓨터 기본 구성에 속하지 않는 것은 무엇일까요?

① 본체   ② 키보드   ③ 마우스   ④ 책상

02 우리의 눈을 보호하려면 모니터 화면과의 거리가 최소 얼마정도 떨어져 있어야 할까요?

① 10cm   ② 20cm   ③ 30cm   ④ 40cm

03 글자를 입력할 때 공백을 추가하는 특수키는 무엇일까요?

① Spacebar   ② Enter↵   ③ Backspace   ④ Shift

04 글자를 입력할 때 줄을 바꾸는 특수키는 무엇일까요?

① End   ② Ctrl   ③ Enter↵   ④ Home

05 다음 중 마우스 동작에 포함되지 않는 것은 무엇일까요?

① 클릭   ② 더블 클릭   ③ 양쪽 클릭   ④ 드래그

06 다음 중 창의 크기를 최소화 시키는 단추는 무엇일까요?

① −   ② □   ③ ⧉   ④ ×

07 키보드 방향키(←, →, ↑, ↓)를 이용하여 창의 크기를 변경하기 위해서는 어떤 키를 함께 눌러야 할까요?

① Alt   ② Ctrl   ③ ⊞   ④ Shift

08 여러 개의 창이 열려 있을 경우 다른 창으로 이동하는 바로 가기 키는 무엇일까요?

① Alt + Tab   ② Ctrl + Tab   ③ Spacebar + Tab   ④ Shift + Tab

09 윈도우 기능 중에서 '배경, 색, 소리, 마우스 커서' 등을 한 번에 변경하는 기능은 무엇인가요?

① 잠금 화면   ② 테마   ③ 접근성   ④ 개인 설정

10 파일이나 폴더의 이름을 변경하는 바로 가기 키는 무엇일까요?

① F1   ② F2   ③ F3   ④ F4

CHAPTER 13

파일을 폴더로 이동하기

학습목표

★ 한컴 타자를 이용하여 낱말연습 '1단계'와 '2단계'를 연습하세요.
★ 파일들을 폴더별로 구분하여 이동시켜 보세요.

한컴 타자 연습(낱말연습 : 1단계, 2단계)

① 아래 키보드 그림에서 글자가 누락된 키에 해당하는 내용(자음, 모음, 숫자, 기호, 특수키 등)을 적어 보세요.

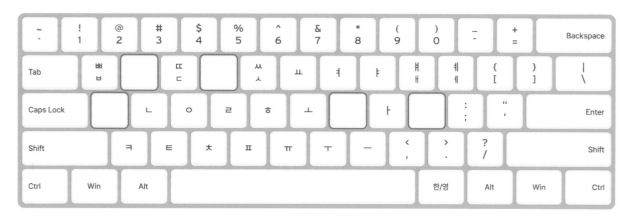

② 1_2단계 낱말을 키보드로 입력할 수 있도록 '자음, 모음, 받침'으로 풀어서 적어보세요.

미	리	➡					
거	기	➡					
어	머	니	➡				
비	빔	➡	ㅂ	ㅣ	ㅂ	ㅣ	ㅁ
나	날	이	➡				
일	자	리	➡				

❸ 한컴 타자를 이용하여 **[낱말연습]** 1단계와 2단계를 연습하세요.

손목 휴식시간 : 아래 그림에서 틀린 부분 7개를 찾아서 오른쪽 그림에 표시해 보세요.

마우스를 이용하여 쓰레기 파일을 분리수거 통으로 이동시켜 볼까요? ‥‥‥‥

① [파일 탐색기]를 실행한 후 [실습파일]-[13차시] 폴더를 찾아 더블 클릭하세요.

② 아래 그림처럼 [분류 방법]을 [유형]으로 선택한 후 왼쪽 Ctrl 을 누른 채 **5개의 병 이미지를 각각 클릭**하세요.

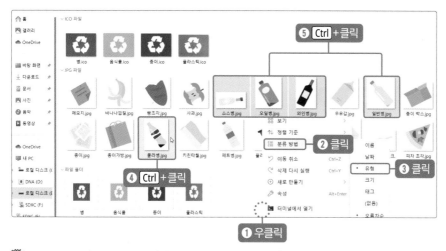

 〔팁〕 **여러 개의 파일을 동시에 선택하는 방법**

① Ctrl + 클릭 : 떨어져 있는 여러 개의 파일을 동시에 선택할 수 있어요.

② Shift + 클릭 : 처음 파일을 선택한 후 Shift 를 누른 채 마지막 파일을 선택하면 처음과 마지막에 포함된 연속된 여러 개의 파일을 동시에 선택할 수 있어요.

③ 선택된 5개의 병 이미지 중에서 특정 이미지 하나를 파일 폴더 유형의 **[병] 폴더로 드래그하여 이동**시키세요.

💡 파일 선택이 해제되면 다시 5개의 병 이미지를 선택한 후 [병] 폴더로 드래그하여 이동시키세요.

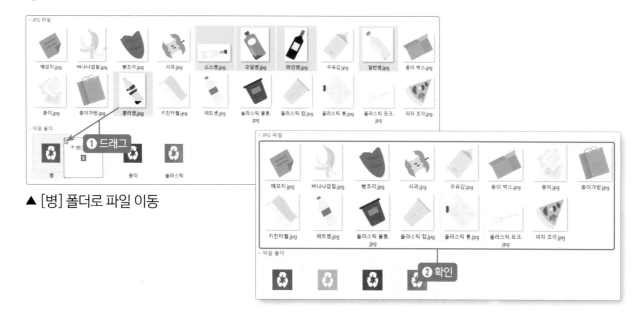

▲ [병] 폴더로 파일 이동

메뉴를 이용하여 쓰레기 파일을 분리수거 통으로 이동시켜 볼까요?

① 음식에 관련된 이미지 4개를 모두 선택한 후 **잘라내기**(✂) 아이콘을 클릭하세요.

② [음식물] 폴더를 더블 클릭한 후 **붙여넣기**(📋) 아이콘을 클릭하세요. 분리수거가 끝나면 뒤로(←) 단추를 눌러 [13차시] 폴더로 이동하세요.

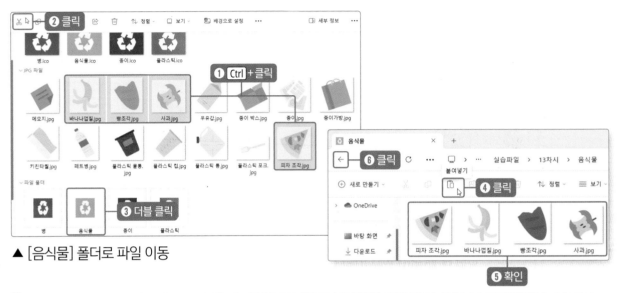

▲ [음식물] 폴더로 파일 이동

 팁 이동 바로 가기 키
① Ctrl + X (잘라내기) : 선택된 파일을 다른 곳으로 이동할 수 있도록 잘라내요.
② Ctrl + V (붙여넣기) : 잘라낸 파일을 원하는 위치에 붙여넣을 수 있어요.

③ 남아 있는 **종이** 및 **플라스틱** 쓰레기 파일들을 분리수거 폴더로 이동시켜 보세요.

④ [병], [음식물], [종이], [플라스틱] 폴더를 더블 클릭하여 폴더 안에 들어 있는 각각의 쓰레기 파일을 확인해 보세요.

💡 현재 폴더에서 이전 폴더로 이동하기 위해서는 뒤로(←) 단추를 눌러주세요.

더 멋지게 실력 뿜뿜

1 쥬니버를 이용하여 원하는 콘텐츠로 마우스를 연습하세요.

💡 쥬니버 마우스 연습.txt 파일을 열어서 경로를 복사한 후 인터넷 주소 칸에 붙여넣어요.

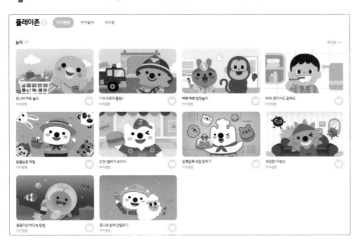

2 특수키 Ctrl + X 와 Ctrl + V 를 조합하여 아래 그림처럼 수정해 보세요.

❶ [실습파일]-[특수키] 폴더에서 **잘라내기-붙여넣기(문제).hwp** 파일을 더블 클릭 하세요.

❷ Ctrl + X 는 문서에서 특정 글자를 잘라낼 수 있어요.

❸ Ctrl + V 는 잘라낸 글자를 원하는 위치에 붙여넣을 수 있어요.

❹ '동해'를 마우스로 드래그(물 과 동 해)한 후 잘라내세요.

❺ '물'를 클릭한 후 잘라낸 글자를 붙여넣으세요.

❻ 똑같은 방법으로 나머지 글자도 잘라내서 올바른 위치에 붙여넣으세요.

					애	국	가							
	물	과	동	해	산	이	백	두		마	르	고	닳	도 록
	하	느	님	이	하	사	보	우		나	라	우	리	만 세

					애	국	가							
	동	해	물	과	백	두	산	이		마	르	고	닳	도 록
	하	느	님	이	보	우	하	사		우	리	나	라	만 세

CHAPTER 14

파일을 폴더로 복사하기

학습목표

★ 한컴 타자를 이용하여 낱말연습 '3단계'와 '4단계'를 연습하세요.
★ 셀파일들을 폴더별로 구분하여 복사해 보세요.

한컴 타자 연습(낱말연습 : 3단계, 4단계)

① 아래 키보드 그림에서 글자가 누락된 키에 해당하는 내용(자음, 모음, 숫자, 기호, 특수키 등)을 적어 보세요.

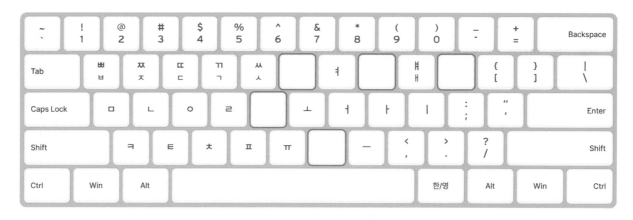

② 3_4단계 낱말을 키보드로 입력할 수 있도록 '자음, 모음, 받침'으로 풀어서 적어보세요.

애	기	➡						
양	념	➡	ㅇ	ㅑ	ㅇ	ㄴ	ㅕ	ㅁ
개	나	리	➡					
고	래		➡					
귀	엣	말	➡					
노	략	질	➡					

66

❸ 한컴 타자를 이용하여 **[낱말연습] 3단계**와 **4단계**를 연습하세요.

손목 휴식시간 ⋮ 아래 그림에서 숨어 있는 마린몬을 찾아보세요.

숨은 마린몬 찾기! :
세 군데 있어요!

마우스로 주문한 초밥들을 복사하여 방으로 가져다 주세요.

① **[파일 탐색기]**를 실행한 후 [실습파일]-[14차시] 폴더를 찾아 더블 클릭하세요.

② 아래 그림처럼 4개의 폴더를 만든 후 **[분류 방법]**을 **[유형]**으로 선택하세요.

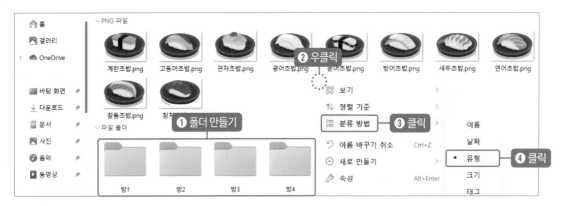

③ [방1]에서 모든 초밥을 주문했기 때문에 맨 앞쪽 초밥 이미지를 클릭한 후 Shift 를 누른 채 맨 마지막 초밥 이미지를 클릭해 주세요.

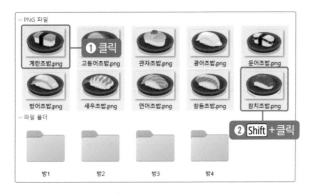

④ 주문한 초밥을 가져다주기 위해 **왼쪽** Ctrl **을 누른 채** 특정 초밥 이미지 하나를 **[방1] 폴더로 드래그** 하세요.

▲ [방1] 폴더로 파일 복사

❺ **[방1] 폴더를 더블 클릭**하여 주문한 모든 초밥이 있는지 확인한 후 뒤로(←) 단추를 눌러 [14차시] 폴더로 이동하세요.

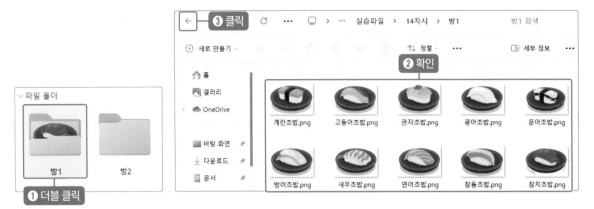

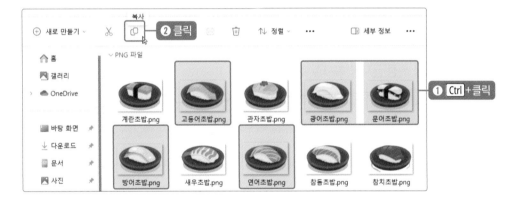

② 메뉴로 주문한 초밥들을 복사하여 방으로 가져다 주세요.

❶ [방2]에서 주문한 초밥 5개를 각각 선택한 후 **복사하기( )아이콘**을 클릭하세요.

💡 왼쪽 Ctrl 을 누른 채 파일을 클릭하면 여러 개의 파일을 동시에 선택할 수 있어요.

❷ [방2] 폴더를 더블 클릭한 후 **붙여넣기( )아이콘**을 클릭하세요.

❸ [방3] 폴더에는 **초밥 4개** [방4] 폴더에는 **초밥 6개**를 가져다 주세요.

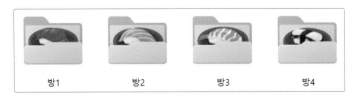

더 멋지게 실력 뿜뿜

1 쥬니버를 이용하여 원하는 콘텐츠로 마우스를 연습하세요.

 쥬니버 마우스 연습.txt 파일을 열어서 경로를 복사한 후 인터넷 주소 칸에 붙여넣어요.

2 특수키 `Ctrl`+`C`와 `Ctrl`+`V`를 조합하여 아래 그림처럼 수정해 보세요.

❶ [실습파일]-[특수키] 폴더에서 **복사-붙여넣기(문제).hwp** 파일을 더블 클릭 하세요.

❷ `Ctrl`+`C`는 문서에서 특정 글자를 복사할 수 있어요.

❸ `Ctrl`+`V`는 복사한 글자를 원하는 위치에 붙여넣을 수 있어요.

❹ 문서 맨 아래쪽 4개의 이름 중에서 원하는 이름을 마우스로 드래그하여 복사하세요.

뽀 삐	탄 이	뭉 치	하 하	똘 이

❺ '야'를 클릭한 후 복사한 글자를 붙여넣으세요.

❻ '는'을 클릭한 후 복사한 글자를 붙여넣으세요.

우	리	집		강	아	지		이	름	은		야	.	는		매	우
귀	엽	게		생	겼	고		나	이	는		2	살	이	야		

우	리	집		강	아	지		이	름	은		탄	이	야	.	탄	이	는
매	우		귀	엽	게		생	겼	고		나	이	는		2	살	이	야

CHAPTER 15

숨어 있는 파일 찾기

학습목표

★ 한컴 타자를 이용하여 낱말연습 '5단계'와 '6단계'를 연습하세요.
★ 컴퓨터 속에 숨어 있는 파일들을 찾아보세요.

───── **한컴 타자 연습(낱말연습 : 5단계, 6단계)** ─────

① 아래 키보드 그림에서 글자가 누락된 키에 해당하는 내용(자음, 모음, 숫자, 기호, 특수키 등)을 적어
보세요.

② 5_6단계 낱말을 키보드로 입력할 수 있도록 '자음, 모음, 받침'으로 풀어서 적어보세요.

키	티	➡					
철	판	➡					
탄	탄	면	➡				
풍	습	➡					
푸	들	➡					
파	드	득	➡				

③ 한컴 타자를 이용하여 **[낱말연습] 5단계**와 **6단계**를 연습하세요.

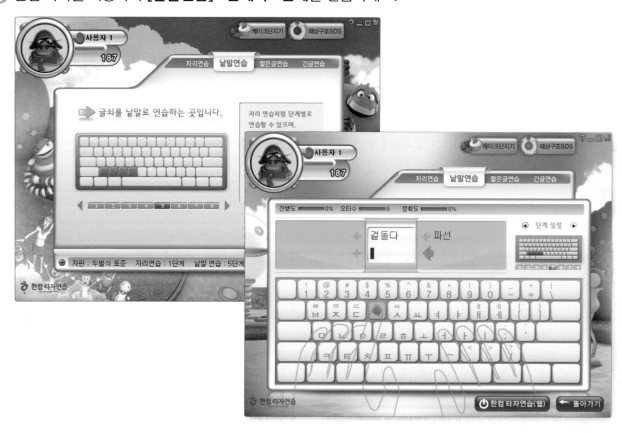

손목 휴식시간 : 아래 그림에서 숨어 있는 그림들을 찾아보세요.

숨어 있는 파일을 찾아서 실행해 보세요.

❶ **[파일 탐색기]**를 실행한 후 [실습파일]-[15차시] 폴더를 찾아 더블 클릭하세요.

❷ [파일 탐색기] 우측 검색 칸(15차시 검색 🔍)에 **별**을 입력한 후 Enter←]를 누르세요.

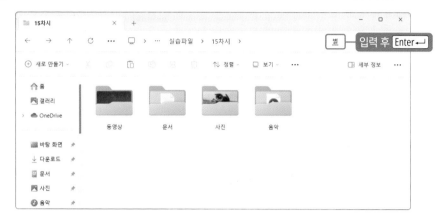

❸ 폴더 안에 숨어 있던 **별.mp4** 파일이 검색되어 나오면 해당 파일을 더블 클릭하여 동영상을 실행해 보세요.

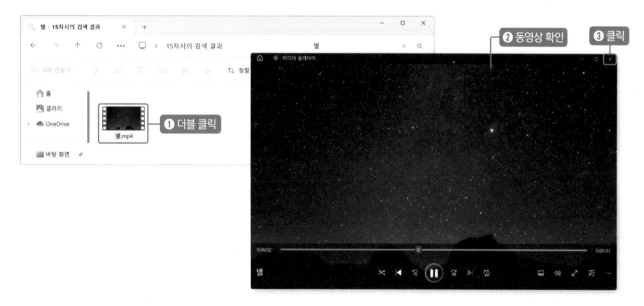

 팁 **동영상 파일 실행**

① 미디어 플레이어 : 윈도우를 설치하면 동영상 파일을 재생할 수 있도록 [미디어 플레이어] 앱이 함께 설치되어 있어요.

② 곰플레이어 : 곰랩에서 개발한 동영상 재생 프로그램으로 무료로 사용할 수 있어요.

④ 똑같은 방법으로 검색 칸을 이용하여 숨어있는 아래 파일들을 찾아보세요.

– 숨어 있는 파일 찾기 : 주소, 라면, 작품, 방꾸미기, 분리수거

💡 현재 폴더에서 이전 폴더로 이동하기 위해서는 뒤로(←) 단추를 눌러주세요.

② 종류별로 파일을 검색하여 찾아볼까요?

① 검색 칸에 ***.jpg**를 입력한 후 Enter↵를 누르세요. 확장자가 JPG인 이미지 파일들만 검색되어 나오면 특정 사진 파일을 더블 클릭해 보세요.

💡 사진 파일을 더블 클릭하면 [사진] 앱이 실행되어 크게 볼 수 있어요.

 팁 ***.jpg**

확장자가 jpg인 모든 파일을 검색하라는 뜻이에요. 만약 *.mp4를 입력하여 검색하면 확장자가 mp4인 동영상 파일만 검색되어 나올 거예요.

② 검색 칸에 ***.mp3**를 입력한 후 Enter↵를 누르세요. 확장자가 mp3인 음악 파일들만 검색되어 나오면 특정 음악 파일을 더블 클릭해 보세요.

💡 음악 파일을 더블 클릭하면 [미디어 플레이어] 앱이 실행되어 음악을 들을 수 있어요.

더 멋지게 실력뿜뿜

1 쥬니버를 이용하여 원하는 콘텐츠로 마우스를 연습하세요.

 쥬니버 마우스 연습.txt 파일을 열어서 경로를 복사한 후 인터넷 주소 칸에 붙여넣어요.

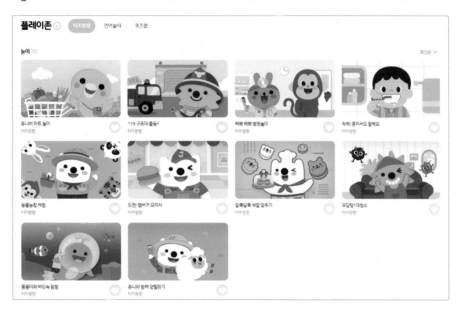

2 특수키 Caps Lock 을 이용하여 아래 그림처럼 입력해 보세요.

1️⃣ [실습파일]-[특수키] 폴더에서 **캡스락(문제).hwp** 파일을 더블 클릭 하세요.

2️⃣ Caps Lock 은 영문을 입력할 때 '대문자' 또는 '소문자'를 선택하여 연속으로 입력할 수 있어요.

3️⃣ 한/영 을 이용하여 '영문' 입력 상태로 변경하세요.

4️⃣ 대문자 AAAA를 입력하고 한 칸 띄운 후 소문자 aaaa를 입력하세요.

5️⃣ 나머지 빈 칸도 영어 대문자와 소문자를 번갈아가며 입력해 보세요.

A	A	A	A	aa	aa	S	S	S	ss	ss	
D	D	D	D	dd	dd	F	F	F	ff	ff	

파일 삭제 및 복원하기

학습목표

★ 한컴 타자를 이용하여 낱말연습 '7단계'와 '8단계'를 연습하세요.
★ 필요 없는 파일은 삭제하고 실수로 삭제한 파일은 원래 위치로 복원시켜보세요.

━━━━━━ **한컴 타자 연습(낱말연습 : 7단계, 8단계)** ━━━━━━

❶ 아래 키보드 그림에서 글자가 누락된 키에 해당하는 내용(자음, 모음, 숫자, 기호, 특수키 등)을 적어 보세요.

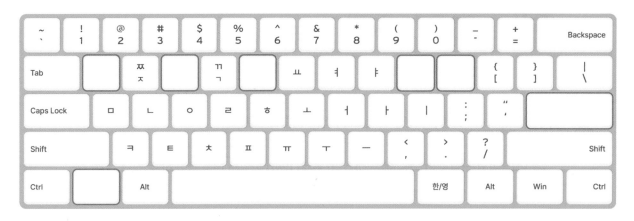

❷ 7_8단계 낱말을 키보드로 입력할 수 있도록 '숫자, 자음, 모음, 받침'으로 풀어서 적어보세요.

얘	기	➡							
예	림	➡	ㅇ	ㅖ	ㄹ	ㅣ	ㅁ		
옛	날	집	➡						
깎	다	➡							
뼈	찜	➡							
왕	뚜	껑	➡						

76

❸ 한컴 타자를 이용하여 **[낱말연습]** 7단계와 8단계를 연습하세요.

손목 휴식시간 : 아래 그림에서 틀린 부분 6개를 찾아서 오른쪽 그림에 표시해 보세요.

필요 없는 파일을 삭제해 보세요.

❶ **[파일 탐색기]**를 실행한 후 [실습파일]-[16차시] 폴더를 찾아 더블 클릭하세요.

❷ 폴더가 열리면 Ctrl + A 눌러 모든 파일을 선택한 후 Delete 를 눌러 삭제하세요.

💡 Ctrl + A 를 누르면 모든 폴더 및 파일을 한 번에 선택할 수 있어요.

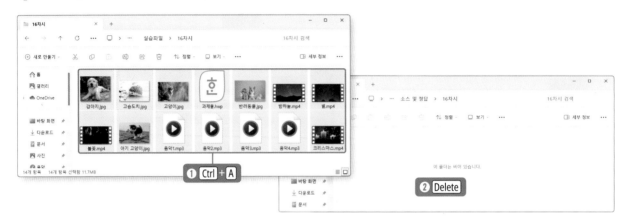

❸ 작업 표시줄 오른쪽 끝에 있는 바탕화면 보기 단추를 눌러 휴지통 모양을 확인해 보세요.

 팁 **휴지통**

파일을 삭제하면 컴퓨터에서 완전히 삭제되는 것이 아니라 일단 [휴지통]으로 옮겨져요. 휴지통에 삭제된 파일이 있는 경우에는 휴지통이 모양이 채워진 모양으로 나타나요.

② 실수로 삭제한 파일을 복구해 보세요.

① **[휴지통]**을 더블 클릭하여 삭제된 파일들을 확인해 보세요. 삭제한 파일 중에서 실수로 삭제한 **과제물** 파일을 선택한 후 마우스 오른쪽 버튼을 눌러 **[복원]**을 선택하세요.

② [실습파일]−[16차시] 폴더에서 **과제물** 파일이 복원된 것을 확인해 보세요.

③ 더이상 복구할 파일이 없는 경우에는 [휴지통]을 선택한 후 마우스 오른쪽 버튼을 눌러 **[휴지통 비우기]**를 클릭하세요.

④ 완전히 삭제한다는 메시지가 나오면 <예>를 클릭하세요.

💡 휴지통 비우기를 실행하면 파일을 복원할 수 없기 때문에 중요한 파일이 삭제되었는지 꼭 확인하세요.

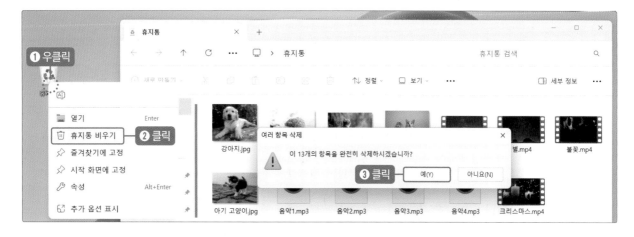

더 멋지게 실력뿜뿜

1 쥬니버를 이용하여 원하는 콘텐츠로 마우스를 연습하세요.

💡 쥬니버 마우스 연습.txt 파일을 열어서 경로를 복사한 후 인터넷 주소 칸에 붙여넣어요.

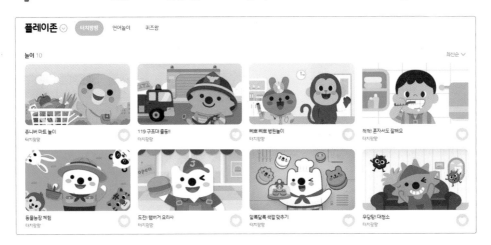

2 특수키 한자 을 이용하여 아래 그림처럼 수정해 보세요.

❶ [실습파일]-[특수키] 폴더에서 **한자(문제).hwp** 파일을 더블 클릭 하세요.

❷ 한자 는 한글을 입력한 후 해당 키를 누르면 원하는 한자를 선택하여 입력할 수 있어요.

❸ '한국' 앞 빈 칸을 클릭한 후 한자 를 누르세요.

❹ [한자로 바꾸기] 대화상자가 나오면 맞는 한자를 선택하고 입력 형식(한글(漢字))을 지정한 후 <바꾸기>를 누르세요.

❺ 똑같은 방법으로 나머지 단어들도 한자로 변환시켜 보세요.

한	국		미	국									
학	교		공	부									
고	진	감	래										

한	국	(	韓	國	)		미	국	(	美	國	)	
학	교	(	學	校	)		공	부	(	工	夫	)	
고	진	감	래	(	苦	盡	甘	來	)				

CHAPTER 17

파일 압축 및 압축 풀기

학습목표

★ 온라인 한컴 타자를 이용하여 낱말연습을 전체적으로 연습하세요.
★ 많은 파일들을 압축하여 하나의 파일로 관리해 보세요.

━━━━━ 온라인 한컴 타자 연습(낱말연습) ━━━━━

① 아래 키보드 그림에서 글자가 누락된 키에 해당하는 내용(자음, 모음, 숫자, 기호, 특수키 등)을 적어
보세요.

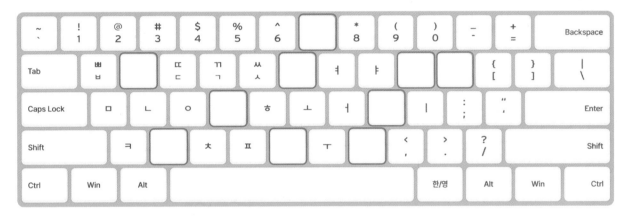

② 낱말을 키보드로 입력할 수 있도록 '자음, 모음, 받침'으로 풀어서 적어보세요.

첼	로	➜						
얇	은	➜						
초	록	색	➜					
9	단	계	➜					
우	유	➜						
떡	볶	이	➜					

❸ 한컴 타자를 실행한 후 **[한컴 타자연습(웹)]**을 클릭합니다. 온라인 한컴 타자가 열리면 [타자연습]-**[낱말연습]**을 연습하세요.

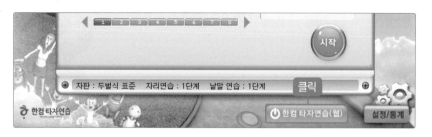

손목 휴식시간 : 아래 그림에서 숨어 있는 마린몬을 찾아보세요.

숨은 마린몬 찾기! :
세 군데 있어요!

많은 파일들을 압축해서 하나의 파일로 관리할 수 있어요. ━━━━━━━

❶ [파일 탐색기]를 실행한 후 [실습파일]-[17차시] 폴더를 찾아 더블 클릭하세요.

❷ 폴더가 열리면 모든 동물 사진들을 선택한 후 마우스 오른쪽 버튼을 눌러 **[ZIP 파일로 압축]**을 클릭하세요.

💡 윈도우10은 [보내기]-[압축(zip) 폴더]를 클릭해 주세요.

❸ 파일이 압축되면 파일 이름을 **동물사진**으로 입력한 후 **[백업]** 폴더로 이동시켜 주세요.

 💡 **압축 파일(.zip)**

압축 파일은 다른 파일들과 구분하기 위해 확장자가 .zip로 되어 있어요. 압축 기능은 용량이 큰 자료를 보관(백업)하거나 이메일 또는 카톡 등으로 전송할 때 많이 사용해요.

압축 파일을 원하는 위치에서 압축을 풀 수 있어요.

❶ **[백업] 폴더**를 더블 클릭 하세요. **동물사진.zip** 파일을 선택한 후 마우스 오른쪽 버튼을 눌러 **[압축 풀기]** 를 클릭하세요.

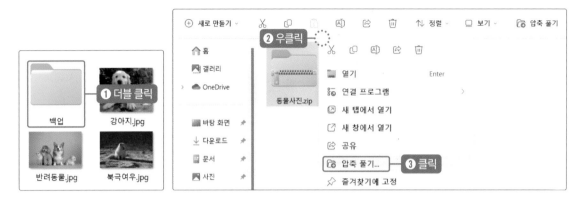

❷ [압축(Zip) 폴더 풀기] 대화상자가 나오면 **<압축 풀기>**를 클릭하세요.

💡 압축을 풀 경로를 바꾸고 싶다면 <찾아보기>를 클릭하여 변경할 수 있어요.

❸ 압축이 해제되면 [동물사진] 폴더 안에 압축했던 사진들이 그대로 들어있어요.

 팁 **압축 풀기**

압축 풀기를 실행한 후에도 원본 압축 파일은 항상 그대로 남아 있기 때문에 필요할 때마다 언제든지 압축을 해제하여 사용할 수 있어요.

더 멋지게 실력뿜뿜

1 쥬니버를 이용하여 원하는 콘텐츠로 마우스를 연습하세요.

💡 쥬니버 마우스 연습.txt 파일을 열어서 경로를 복사한 후 인터넷 주소 칸에 붙여넣어요.

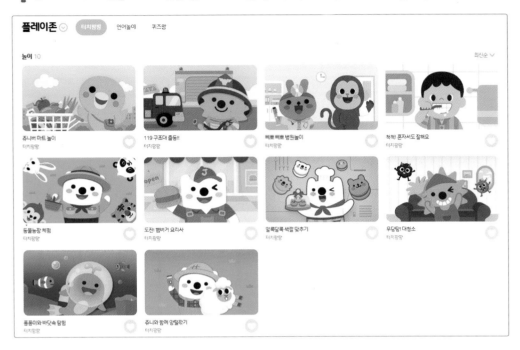

2 특수키 [Esc]를 이용하여 명령을 취소해 보세요.

❶ [실습파일]-[특수키] 폴더에서 **이에스씨(문제).hwp** 파일을 더블 클릭 하세요.

❷ [Esc]는 작업 도중에 특정 명령을 취소할 수 있어요.

❸ '한자' 앞 빈 칸을 클릭한 후 [한자]를 누르세요. [한자로 바꾸기] 대화상자가 나오면 [Esc] 눌러 취소해 보세요.

❹ 스타일 앞 빈 칸에서 [F6]을 누르세요. [스타일] 대화상자가 나오면 취소해 보세요.

❺ 글자모양 앞 빈 칸에서 [Alt]+[L]을 누르세요. [글자 모양] 대화상자가 나오면 취소해 보세요.

❻ 문단모양 앞 빈 칸에서 [Alt]+[T]를 누르세요. [문단 모양] 대화상자가 나오면 취소해 보세요.

한	자				스	타	일				
글	자	모	양			문	단	모	양		

앱 설치 및 삭제하기

학습목표

★ 한컴 타자를 이용하여 '짧은글'을 연습하세요.
★ 컴퓨터에 앱을 설치하거나 삭제할 수 있어요.

—————————— 한컴 타자 연습(짧은글 연습) ——————————

① 아래 키보드 그림에서 글자가 누락된 키에 해당하는 내용(자음, 모음, 숫자, 기호, 특수키 등)을 적어 보세요.

② 낱말을 키보드로 입력할 수 있도록 '자음, 모음, 받침'으로 풀어서 적어보세요.

물	개	→					
돼	지	→					
다	람	쥐	→				
퓨	마	→					
펭	귄	→					
도	롱	뇽	→				

③ 한컴 타자를 이용하여 [**짧은글 연습**]을 연습하세요.

손목 휴식시간 : 아래 그림에서 숨어 있는 그림들을 찾아보세요.

와이파이, 옷핀, 홍당무, 농구공, 세탁기, 물뿌리개

컴퓨터에 필요한 앱을 설치할 수 있어요.

① [파일 탐색기]를 실행한 후 [실습파일]-[18차시] 폴더를 찾아 더블 클릭하세요.

② 폴더가 열리면 **꿀뷰.EXE** 파일을 더블 클릭하여 설치하세요.

💡 꿀뷰는 이미지를 보는 앱으로 반디소프트에서 개발한 안전한 소프트웨어예요.

③ 이 앱이 디바이스를 변경할 수 있도록 허용하시겠어요?라는 창이 나오면 **<예>**를 클릭하세요.

④ [꿀뷰 설치] 창이 나오면 '쿠팡 바로가기 설치하기'를 해제한 후 **<설치>**를 클릭하세요.

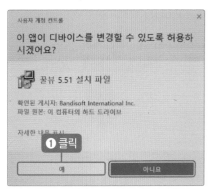

⑤ 설치가 완료되어 [꿀뷰]가 실행되면 [18차시] 폴더에서 **강아지 사진을 꿀뷰 화면으로 드래그** 하세요. 꿀뷰로 각각의 사진들을 확인한 후 앱을 종료하세요.

💡 아래쪽 좌-우 이동 단추(◀▶)를 누르면 다른 이미지를 볼 수 있어요.

② 사용하지 않는 앱은 삭제할 수 있어요.

❶ [시작] 메뉴에서 톱니바퀴 모양의 **[설정]**을 클릭하세요. [설정] 창이 열리면 **[앱]-[설치된 앱]**을 클릭하세요.

💡 윈도우10은 [설정] 창이 열리면 [앱]을 클릭하세요.

❷ 설치된 앱 목록이 나오면 정렬 기준을 **설치 날짜**로 변경하세요. 목록에 [꿀뷰] 앱이 보이면 ⋯를 눌러 **<제거>-<제거>**를 클릭하여 앱을 삭제하세요.

💡 윈도우10은 목록에서 앱을 클릭하면 바로 <수정> 및 <제거> 단추가 나와요.

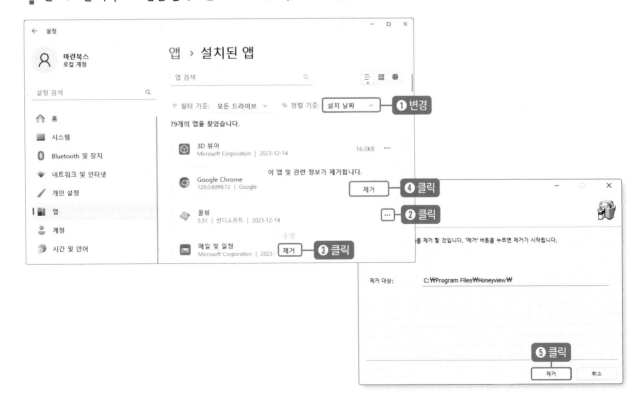

더 멋지게 실력뿜뿜

1 쥬니버를 이용하여 원하는 콘텐츠로 마우스를 연습하세요.

💡 쥬니버 마우스 연습.txt 파일을 열어서 경로를 복사한 후 인터넷 주소 칸에 붙여넣어요.

2 특수키 `Num Lock` 을 이용하여 아래 그림처럼 수정해 보세요.

❶ [실습파일]-[특수키] 폴더에서 **넘락(문제).hwp** 파일을 더블 클릭 하세요.

❷ `Num Lock` 을 눌러 키보드 우측 상단에 불이 켜지면 오른쪽 키패드는 '숫자'를 입력할 수 있으며, 다시 눌러 불이 꺼지면 '방향키'로 사용할 수 있어요.

❸ `Num Lock` 이 꺼진 상태로 오른쪽 키패드(`@2`, `$4`, `^6`, `*8`)을 눌러 커서를 이동한 후 '?'를 입력하세요.

❹ `Num Lock` 이 켜진 상태로 오른쪽 키패드를 이용하여 핸드폰 번호를 입력해 보세요.

❺ `Num Lock` 이 꺼진 상태로 오른쪽 키패드(`(9`, `#3`)을 눌러 페이지를 이동해보세요.

목	수	도		고	칠		수		없	는		집	은	☐		
문	은		문	인	데		닫	지		못	하	는		문	은	☐
01	0	-	12	34	-	56	78		01	0	-	77	77	-	88	88

목	수	도		고	칠		수		없	는		집	은	?		
문	은		문	인	데		닫	지		못	하	는		문	은	?
01	0	-	12	34	-	56	78		01	0	-	77	77	-	88	88

CHAPTER 19

스티커 메모 및 이모지 사용하기

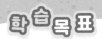
학습목표

★ 한컴 타자를 이용하여 '짧은글'을 연습하세요.
★ 스티커 메모를 이용하여 메모를 기록하고 이모지로 예쁘게 꾸며보아요.

한컴 타자 연습(짧은글 연습)

❶ 아래 키보드 그림에서 글자가 누락된 키에 해당하는 내용(자음, 모음, 숫자, 기호, 특수키 등)을 적어 보세요.

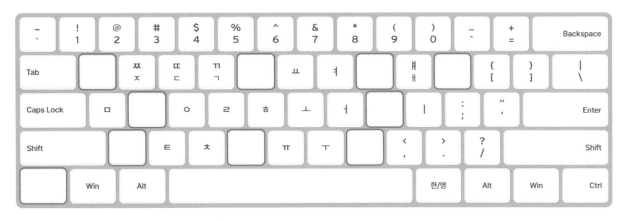

❷ 낱말을 키보드로 입력할 수 있도록 '자음, 모음, 받침'으로 풀어서 적어보세요.

그	룻		➡					
바	퀴		➡					
카	펫	트	➡					
성	냥		➡					
팔	찌		➡					
온	도	계	➡					

❸ 한컴 타자를 이용하여 [**짧은글 연습**]을 연습하세요.

[스티커 메모]를 이용하여 간단한 메모를 입력해 보세요. ━━━━━━━

❶ [시작] 메뉴 옆 검색 칸에 **스티커 메모**를 입력한 후 Enter↵를 눌러보세요.

❷ **[스티커 메모]**가 실행되면 노란색 메모지에 간단하게 내용을 입력해 보세요.

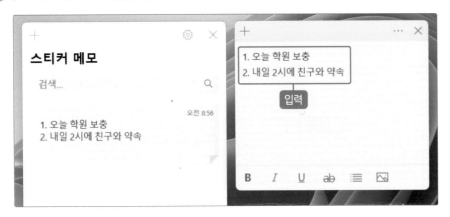

 팁 **스티커 메모**

① 새 메모 : 새로운 메모지를 추가할 수 있어요.

② 메뉴 : 메모지 색상을 변경하거나 메모지를 삭제할 수 있어요.

③ 글자를 편집(굵게, 기울임꼴, 밑줄, 취소선, 글머리 기호)하거나 이미지를 추가할 수 있어요.

▲ 메뉴 선택 화면

② 귀여운 이모티콘을 이용해서 메모 내용을 입력해 볼까요?

① ⊞를 누른 채 마침표(.)를 누르세요. 이모지 패널이 열리면 **이모지(☺)** 아이콘을 클릭한 후 원하는 이모지를 메모지에 넣으세요.

💡 윈도우 10은 별도 선택 없이 바로 이모지 화면이 나올 거예요.

② ⊞를 누른 채 **마침표(.)**를 누르세요. 이모지 패널이 열리면 **kaomoji(ಠ)** 아이콘을 클릭한 후 원하는 kaomoji를 메모지에 넣으세요.

③ 저장된 메모 내용을 확인해 보세요.

① 새 메모를 추가하여 내용을 입력한 후 모든 스티커 메모를 닫으세요.

② [스티커 메모]를 다시 실행하여 입력했었던 메모 내용이 잘 나오는지 확인해 보세요.

💡 스티커 메모는 새로운 내용을 입력하거나 추가해도 항상 자동으로 저장돼요~

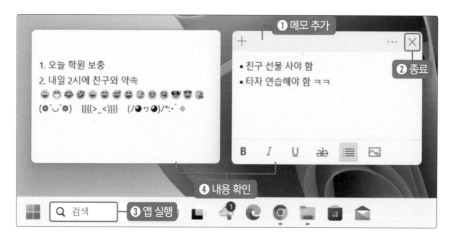

더 멋지게 실력 뿜뿜

1 쥬니버를 이용하여 원하는 콘텐츠로 마우스를 연습하세요.

💡 쥬니버 마우스 연습.txt 파일을 열어서 경로를 복사한 후 인터넷 주소 칸에 붙여넣어요.

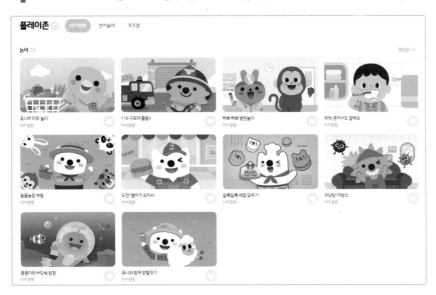

2 특수키 [한자]와 자음(ㅁㄴㅇㄹ)을 이용하여 아래 그림처럼 수정해 보세요.

> ❶ [실습파일]-[특수키] 폴더에서 **자음_한자(문제).hwp** 파일을 더블 클릭 하세요.
>
> ❷ '자음(ㅁㄴㅇㄹ)'을 입력한 후 [한자]를 누르면 특수 문자를 입력할 수 있어요.
>
> ❸ [Insert]를 '삽입' 상태로 설정하세요.
>
> ❹ '문'을 클릭한 후 'ㅁ'을 입력하고 [한자]를 눌러 특수 문자를 입력하세요.
>
> ❺ '쪽'을 클릭한 후 'ㅇ'을 입력하고 [한자]를 눌러 특수 문자를 입력하세요.
>
> ❻ 대문, 옆문, 소문도 똑같은 방법으로 특수 문자를 입력하세요.

문	은		문	인	데		닫	지		못	하	는		문	은	?
쪽	문			대	문			옆	문			소	문			

⬇

	문	은		문	인	데		닫	지		못	하	는		문	은	?
	①	쪽	문			②	대	문			③	옆	문			④	소	문

CHAPTER 20

원하는 이미지 캡처하기

학습목표

★ 한컴 타자를 이용하여 '짧은글'을 연습하세요.
★ 원하는 이미지를 캡처한 후 저장해 보아요.

━━━━━━━━ 한컴 타자 연습(짧은글 연습) ━━━━━━━━

① 아래 키보드 그림에서 글자가 누락된 키에 해당하는 내용(자음, 모음, 숫자, 기호, 특수키 등)을 적어 보세요.

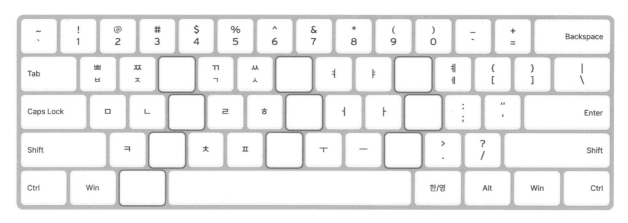

② 낱말을 키보드로 입력할 수 있도록 '자음, 모음, 받침'으로 풀어서 적어보세요.

깻	잎	➜						
도	넛	➜						
닭	갈	비	➜					
짬	뽕	➜						
팥	죽	➜						
아	귀	찜	➜					

96

❸ 한컴 타자를 이용하여 **[짧은글 연습]**을 연습하세요.

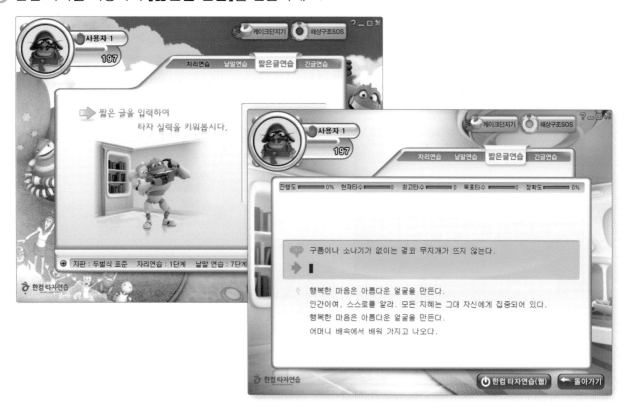

손목 휴식시간 : 아래 그림에서 숨어 있는 마린몬을 찾아보세요.

[캡처 도구]를 실행하여 원하는 이미지를 캡처해 보세요.

① 크롬()을 실행하여 검색 칸에 **필통**을 입력한 후 Enter↵를 누르세요.

② 필통이 검색되어 나오면 **[이미지]**를 클릭하여 여러 가지 필통 이미지를 확인하세요.

💡 크롬이 설치되지 않은 경우 엣지를 이용하여 검색하세요.

③ 이미지를 캡처하기 위해 ⊞+Shift를 동시에 누른 상태에서 S를 누르세요. 화면이 약간 어둡게 변하면 **마우스로 드래그**하여 캡처할 영역을 지정하세요.

💡 필통 이미지는 교재와 상관없이 원하는 디자인을 캡처하세요.

 팁 **캡처 영역 지정**

❶ : 사각형 형태로 화면을 캡처할 수 있어요.

❷ : 원하는 형태로 화면을 캡처할 수 있어요.

❸ : 창(창 모드)을 기준으로 캡처할 수 있어요.

❹ : 모니터에 보이는 전체 화면을 캡처할 수 있어요.

❺ : 캡처 취소

2 캡처한 이미지를 바탕화면에 저장해 보세요. ━━━━━━━━━━━━

❶ 화면 우측 아래에 캡처한 이미지가 나오면 해당 창을 클릭하세요. [캡처 도구] 창이 활성화되면 **저장**(🖫) **아이콘**을 클릭하세요.

💡 캡처한 창이 닫혔을 경우 작업 표시줄 우측 끝에 있는 알림(◁× 오후 5:59 2024-01-18 🔔)을 클릭하세요.

❷ [다른 이름으로 저장] 대화상자가 나오면 저장 경로를 **바탕화면**으로 지정하고 파일 이름(**필통**)을 입력한 후 **<저장>**을 클릭하세요.

❸ 열려 있는 모든 창을 닫고 바탕화면에 저장된 필통 이미지를 확인해 보세요.

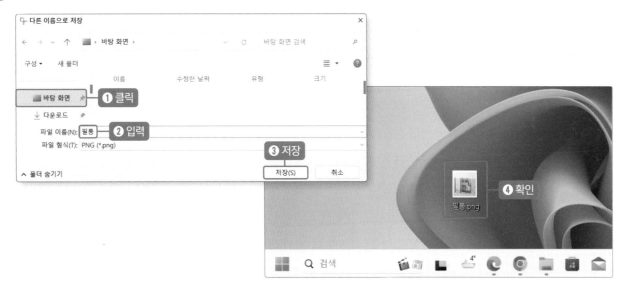

 팁 **캡처 후 바로 붙여넣기**

이미지를 캡처한 후 파일로 저장하지 않고 원하는 곳에 바로 붙여넣을 수도 있어요. 이미지 캡처 후 [그림판], [스티커 메모] 등을 실행하여 Ctrl + V 를 누르면 캡처한 이미지가 삽입 돼요.

더 멋지게 실력 뿜뿜

1 쥬니버를 이용하여 원하는 콘텐츠로 마우스를 연습하세요.

💡 쥬니버 마우스 연습.txt 파일을 열어서 경로를 복사한 후 인터넷 주소 칸에 붙여넣어요.

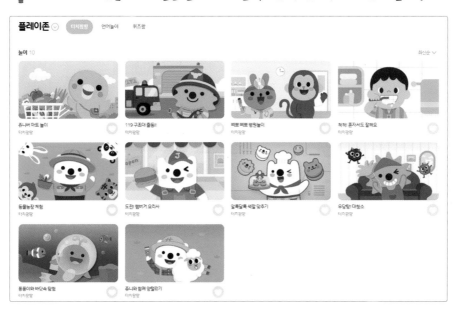

2 특수키 [Ctrl]+[Z]를 이용하여 이전 작업으로 되돌려 보세요.

❶ [실습파일]-[특수키] 폴더에서 **실행취소(문제).hwp** 파일을 더블 클릭 하세요.

❷ [Ctrl]+[Z]는 방금 했던 작업을 취소하고 이전 작업으로 되돌아갈 수 있어요.

❸ 두 번째 줄 정답 칸에 오답인 '방이동'이라고 입력하세요.

❹ [Ctrl]+[Z]를 눌러 실행(입력)을 취소한 후 '방학동'이라고 다시 입력하세요.

❺ 네 번째 줄 정답 칸에 오답인 '차바다'라고 입력하세요.

❻ [Ctrl]+[Z]를 눌러 실행(입력)을 취소한 후 '열바다'로 다시 입력하세요.

❼ [Ctrl]+[A]를 눌러 모든 내용을 선택한 후 [Delete]로 삭제하세요.

❽ [Ctrl]+[Z]를 눌러 삭제되었던 모든 내용을 복구시키세요.

초	등	학	생	이		가	장		좋	아	하	는		동	네	는	?	
정	답	:																

세	상	에	서		가	장		뜨	거	운		바	다	는	?			
정	답	:																

CHAPTER 21

인터넷으로 진로흥미탐색하기

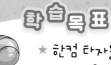 학습목표

★ 한컴 타자를 이용하여 '짧은글'을 연습하세요.
★ 인터넷을 이용하여 저학년을 위한 진로 탐색을 체험해 보아요.

········ 한컴 타자 연습(짧은글 연습) ········

① 아래 키보드 그림에서 글자가 누락된 키에 해당하는 내용(자음, 모음, 숫자, 기호, 특수키 등)을 적어 보세요.

② 낱말을 키보드로 입력할 수 있도록 '자음, 모음, 받침'으로 풀어서 적어보세요.

로	봇	➡						
드	론	➡						
핀	테	크	➡					
가	상	➡						
코	딩	➡						
스	마	트	➡					

③ 한컴 타자를 이용하여 **[짧은글 연습]**을 연습하세요.

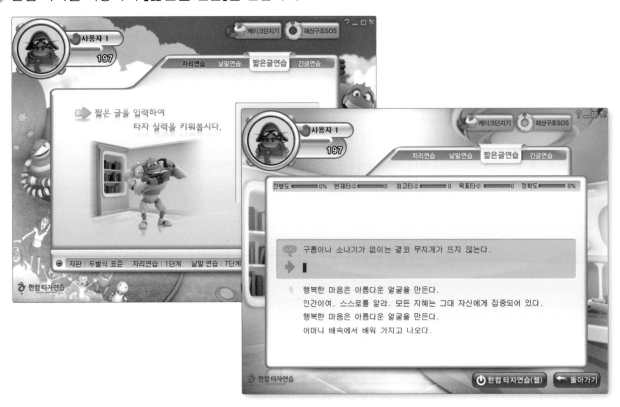

손목 휴식시간 : 아래 그림에서 숨어 있는 그림들을 찾아보세요.

쓰레기통, 꼬치구이, 세면대, 우유, 믹서기, 하드, 컵케이크, 서랍장, 의자

주니어커리어넷에 접속하여 진로흥미탐색을 해봐요.

① 크롬(◎)을 실행하여 검색 칸에 **주니어커리어넷**을 입력한 후 Enter↵를 누르세요.

② 해당 정보가 검색되어 나오면 **주니어커리어넷** 클릭해 주세요.

③ 사이트가 열리면 [**나를 알아보아요**]-[**저학년 진로흥미탐색**]을 클릭하세요.

④ 해당 페이지가 열리면 **<비회원으로 계속>**을 클릭하세요.

⑤ 직업의 중요성 알아보기를 클릭 → 첫째 클릭 → 내용을 읽어본 후 오른쪽 이동 단추(➡) 클릭 → 셋째가 될 때까지 이동 단추(➡) 클릭

⑥ 자기이해에 대한 문제가 나오면 문제를 읽고 질문에 대한 답을 체크하세요.

💡 자기이해 문제는 총 18문제가 나오며, 본인의 생각을 솔직하게 체크해 보세요.

⑦ 나에게 가장 적합한 유형이 나오면 해당 내용을 읽어본 후 **<나의 다짐 작성하기>**를 클릭하여 필요한 내용을 입력해 보세요.

▲ 내용 확인

더 멋지게 실력뿜뿜

1 쥬니버를 이용하여 원하는 콘텐츠로 마우스를 연습하세요.

💡 쥬니버 마우스 연습.txt 파일을 열어서 경로를 복사한 후 인터넷 주소 칸에 붙여넣어요.

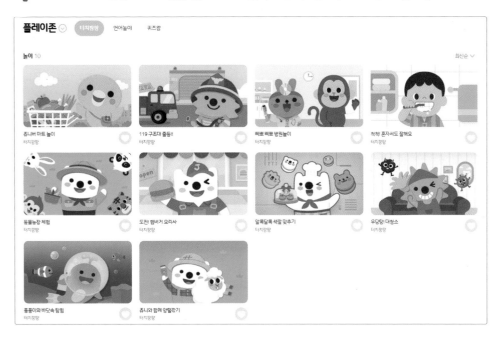

2 특수키를 조합하여 커서를 빠르게 이동시켜 보세요.

1 [실습파일]-[특수키] 폴더에서 **빠른이동(문제).hwp** 파일을 더블 클릭 하세요.

2 `Ctrl`+`→`는 커서를 단어 길이에 맞추어 오른쪽으로 빠르게 이동할 수 있어요.

3 `Ctrl`+`←`는 커서를 단어 길이에 맞추어 왼쪽으로 빠르게 이동할 수 있어요.

4 `Ctrl`+`Page up`은 커서를 문서 첫 페이지의 첫 번째 글자로 한 번에 이동할 수 있어요.

5 `Ctrl`+`Page Down`은 커서를 문서 마지막 페이지의 마지막 글자로 한 번에 이동할 수 있어요.

				개	미	와		베	짱	이		
	개	미	들	은		여	름	철	에		거	두	어	들	인		곡	식	을
말	리	며		겨	울	나	기	를		하	고		있	었	습	니	다	.	
	배	고	픈		베	짱	이		한		마	리	가		개	미		집	을
지	나	가	다	가		먹	을		것	을		조	금		달	라	고		간
절	히		빌	었	습	니	다	.											

CHAPTER 22

계산기 앱 활용하기!

학습목표

★ 한컴 타자를 이용하여 '긴글'을 연습하세요.
★ 내년 내 생일까지 며칠이 남았는지 [계산기] 앱으로 계산해 보세요.

한컴 타자 연습(긴글 연습)

❶ 아래 키보드 그림에서 글자가 누락된 키에 해당하는 내용(자음, 모음, 숫자, 기호, 특수키 등)을 적어보세요.

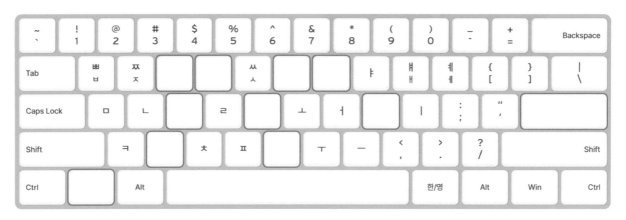

❷ 낱말을 키보드로 입력할 수 있도록 '자음, 모음, 받침'으로 풀어서 적어보세요.

한	국	➡					
예	맨	➡					
스	웨	덴	➡				
케	냐	➡					
중	국	➡					
필	리	핀	➡				

③ 한컴 타자를 이용하여 **[긴글 연습]**을 연습하세요.

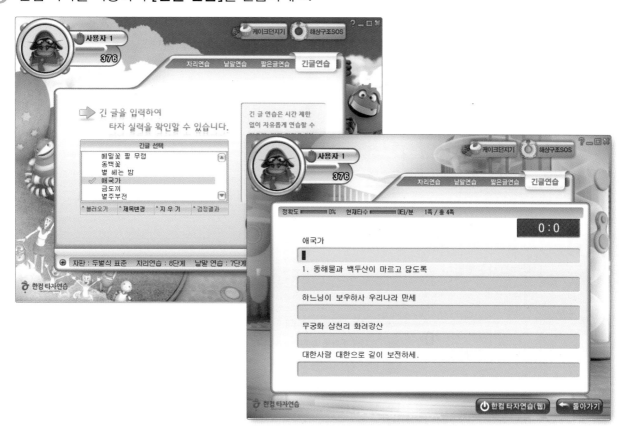

[계산기]를 이용하여 사칙연산(+, −, ×, ÷)을 할 수 있어요.

❶ [시작] 메뉴를 이용하여 **[계산기]**를 실행한 후 아래 숫자를 계산하고 답을 적어보세요.

53	+	35	=	
73	−	45	=	
17	x	4	=	
48	÷	3	=	

 팁 **잠깐만 봐주세요!**

[계산기] 사용 방법

❷ '비니모자, 안경, 캡모자, 나비넥타이'를 착용한 친구는 각각 몇 명인지 빈 칸에 적은 후 계산기를 이용하여 사친연산 문제를 풀어보세요.

② 내년 내 생일까지 며칠이 남았는지 계산해 보아요.

① [계산기]에서 **탐색 열기(☰)**를 클릭한 후 [날짜 계산]을 선택하세요.

② 날짜 계산이 열리면 **종료일 날짜**를 클릭해 주세요.

③ 종료일을 **내년도 내 생일(년, 월, 일)**에 맞추어 선택해 주세요.

💡 첫 화면이 연도 선택이 아닐 경우에는 왼쪽 상단에 표시된 날짜(2024년 12월)를 클릭해서 바꿔주세요.

▲ 연도 선택   ▲ 월 선택   ▲ 일 선택

④ 내년 생일까지 남은 일수가 계산되어 나오면 괄호 안에 적어보세요.

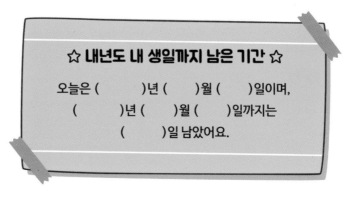

☆ 내년도 내 생일까지 남은 기간 ☆

오늘은 (   )년 (   )월 (   )일이며,
(   )년 (   )월 (   )일까지는
(   )일 남았어요.

더 멋지게 실력뿜뿜

1 쥬니버를 이용하여 원하는 콘텐츠로 마우스를 연습하세요.

💡 쥬니버 마우스 연습.txt 파일을 열어서 경로를 복사한 후 인터넷 주소 칸에 붙여넣어요.

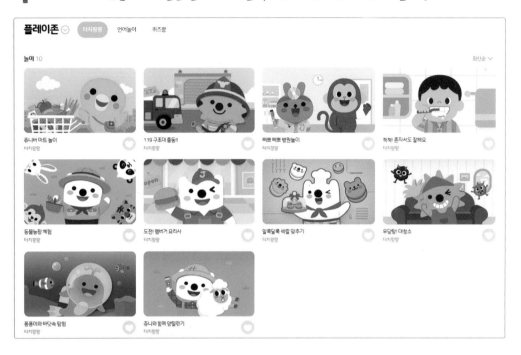

2 특수키를 이용하여 아래 그림처럼 입력해 보세요.

불러올 파일 : 종합연습1(문제).hwp

A A A A	ㄲ ㄸ ㅉ ㅃ	bb bb bb bb	ㅒ ㅖ ㅒ ㅖ
복 사 복 사 복 사 복 사 복 사 복 사			
한 자 (漢 字) 학 생 (學 生) 금 (金)			
A A A A	B B B B	C C C C	D D D D
aa aa aa aa	bb bb bb bb	cc cc cc cc	dd dd dd dd

110

CHAPTER 23

그림판으로 동화만들기

학습목표

★ 한컴 타자를 이용하여 '긴글'을 연습하세요.
★ 그림판을 이용하여 재미있는 동화를 만들어 보세요.

······· 한컴 타자 연습(긴글 연습) ·······

① 아래 키보드 그림에서 글자가 누락된 키에 해당하는 내용(자음, 모음, 숫자, 기호, 특수키 등)을 적어보세요.

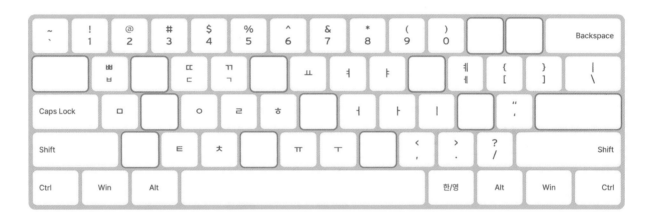

② 낱말을 키보드로 입력할 수 있도록 '자음, 모음, 받침'으로 풀어서 적어보세요.

권	율	➡					
황	희	➡					
베	토	벤	➡				
처	칠	➡					
왕	건	➡					
안	창	호	➡				

③ 한컴 타자를 이용하여 **[긴글 연습]**을 연습하세요.

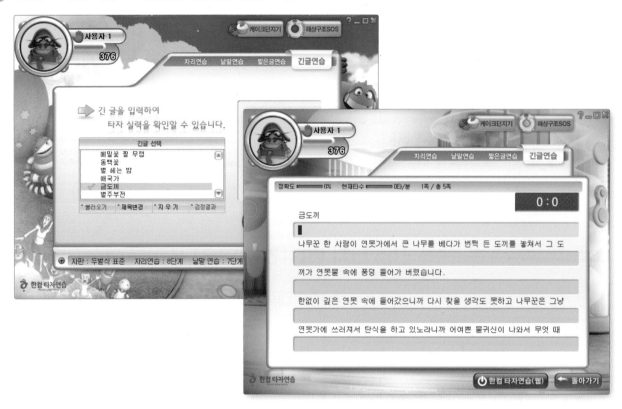

손목 휴식시간 : 아래 그림에서 숨어 있는 마린몬을 찾아보세요.

숨은 마린몬 찾기!:

1 이야기 읽고 색칠하기

이야기 1

옛날, 쵸쵸왕이 다스리는 '발코'라는 왕국이 있었습니다. 쵸쵸왕 주변은 항상 군사들이 지키고 있었는데요. 빅드래곤이 자신의 아버지를 죽음에 이르게 한 발코 왕국을 빼앗기 위해 호시탐탐 공격 기회를 노리고 있었기 때문이에요.
"크~앙~~! 어리석은 쵸쵸왕아 물러나라. 내가 왕이 되어야 한다!"
하지만 빅드래곤이 왕이 되면 사람들은 모두 죽음에 이르게 될 것이 뻔해요.

이야기 2

어둠이 내리기 시작한 늦은 오후. 결국 빅드래곤은 발코 왕국에 불을 지르고 말았어요.

① **[그림판]**을 실행한 후 [파일]-[열기]를 클릭하세요.

② [열기] 대화상자가 나오면 [실습파일]-[23차시] 폴더에서 **이야기2** 파일을 불러와 **채우기**( )로 흰색 부분의 **불**을 색칠하세요.

이야기 3

쵸쵸왕이 살고 있는 성과 성 주변은 잿더미가 됐어요.
빅드래곤은 성 안에 있는 여의주를 훔치기 위해 비행을 하고 있어요.
"여의주를 얻게 되면 바로 내가 발코 왕국의 왕이 되겠지."

③ [파일]-[열기]를 클릭하여 **이야기3** 파일을 불러와 빅드래곤 **한쪽 날개**를 색칠하세요.

④ **색 선택**( )을 이용하여 반대쪽 날개를 클릭한 후 **채우기**( )로 색을 칠하세요.

💡 색 선택( )을 이용하면 선택한 부분과 똑같은 색을 추출할 수 있어요.

이야기 4

이대로 당할 수만은 없는 쵸쵸 왕이 직접 투구를 입고 빅드래 곤과 대결을 했어요.
"킁킁, 이 콩알만한 쵸쵸왕 어디 한번 덤벼 봐라."

이야기 5

쵸쵸왕과의 대결에서 마법의 화살촉을 맞은 빅드래곤은 해골 모양의 돌이 되었답니다.

이야기 6

쵸쵸왕이 힘겹게 빅드래곤을 물 리치고 돌아오자 이웃 나라 공 주가 달려와 왕의 승리를 축하 해 주었습니다.

② 이야기 만들어 동화 장면 나타내기

① 다음 마지막 장면을 보고 **이야기 7** 빈 칸에 여러 분이 원하는 동화 내용을 적어보세요.

이야기 7

② [파일]-[열기]를 클릭하여 **이야기7** 파일을 불러오세요.

③ **텍스트**(Ⓐ) 클릭한 후 글자 **크기(26)**와 **굵게**를 지정하세요.

④ 그림 아래 흰색 부분에 맞추어 드래그한 후 이야기7 빈 칸에 적은 동화 내용을 입력하세요.

더 멋지게 실력 뿜뿜

1 쥬니버를 이용하여 원하는 콘텐츠로 마우스를 연습하세요.

💡 쥬니버 마우스 연습.txt 파일을 열어서 경로를 복사한 후 인터넷 주소 칸에 붙여넣어요.

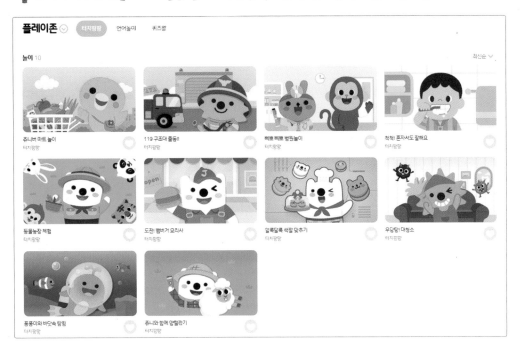

2 특수키를 이용하여 아래 그림처럼 입력해 보세요.

불러올 파일 : 종합연습2(문제).hwp

~	^	&	^	~		(	*	_	*	)		(	-	_	*	)	
♨	목	욕	탕		★	스	타		♣	행	운		※	참	고		
<	12	월		25	일	:	크	리	스	마	스	>					
"	4	월		5	일	은		식	목	일		입	니	다	!	"	
사	자	는		영	어	로		'	L	io	n	'	입	니	다	.	

CHAPTER 24

이만큼 배웠어요

학습목표

★ 한컴 타자 프로그램의 '해상구조SOS'를 이용하여 본인의 타자 실력을 확인해 보세요.

★ 사지선다 문제로 컴퓨터 기본 실력을 확인해 보세요.

[해상구조SOS] 게임으로 타자 실력 확인하기

① 한컴 타자를 이용하여 [해상구조SOS]를 실행합니다.

② 본인의 실력에 맞는 레벨을 선택하여 타자 실력을 확인합니다.

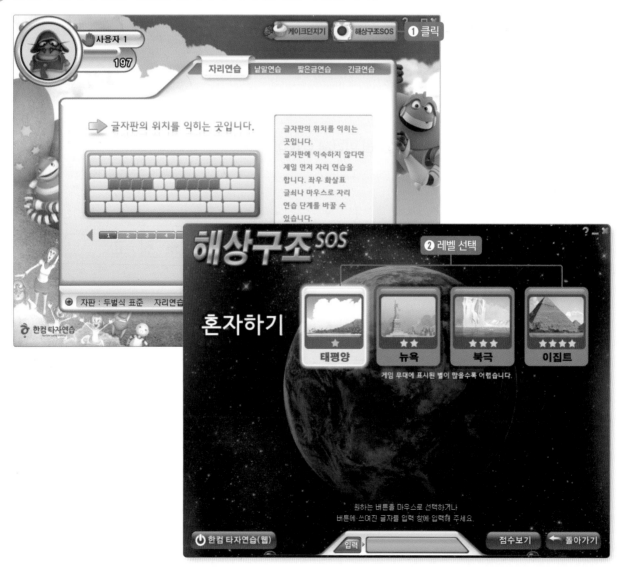

컴퓨터 기본 실력 확인하기

01 마우스로 여러 개의 파일을 동시에 선택하려면 어떤 특수키를 함께 눌러야 할까요?

① Shift　　　　② Ctrl　　　　③ Spacebar　　　　④ Alt

02 파일을 다른 곳으로 이동하기 위한 바로 가기 키는 무엇일까요?

① Shift + X　　② Ctrl + X　　③ Spacebar + X　　④ Alt + X

03 마우스를 드래그하여 파일을 복사하려면 어떤 특수키를 함께 눌러야 할까요?

① Shift　　　　② Ctrl　　　　③ Spacebar　　　　④ Alt

04 필요 없는 파일을 삭제할 때 어떤 특수키를 눌러야 할까요?

① Esc　　　　② Insert　　　　③ Delete　　　　④ Home

05 삭제된 파일은 어디로 이동되나요?

① 바탕화면　　② 메모장　　　③ 휴지통　　　　④ 그림판

06 파일을 압축하였을 때 파일명 뒤에 붙는 확장자는 무엇일까요?

① .zip　　　　② .jpg　　　　③ .pptx　　　　④ .show

07 파일의 이름을 변경하기 위한 바로 가기 키는 무엇일까요?

① F1　　　　② F2　　　　③ F3　　　　④ F4

08 화면을 캡처하기 위한 바로 가기 키는 무엇일까요?

① ⊞ + Ctrl + S　　　　② ⊞ + Alt + S

③ ⊞ + Shift + S　　　　④ ⊞ + W + S

09 작업을 취소하고 이전 작업으로 되돌아가기 위한 바로 가기 키는 무엇일까요?

① Alt + A　　② Ctrl + A　　③ Ctrl + Z　　④ Alt + Z

10 영문을 입력할 때 '대문자'와 '소문자'를 변경할 수 있는 특수키는 무엇일까요?

① Enter↵　　② Caps Lock　　③ Backspace　　④ Spacebar

>>>

산타 추적기
산타 셀카

학습목표

★ 산타 추적기 게임을 통해 클릭과 드래그를 연습합니다.

---

1 게임 준비하기

1 인터넷을 실행한 다음 '구글산타추적기'를 검색하여 접속합니다.

2 ☰ 버튼을 클릭하여 [산타 셀카]를 찾아 선택합니다.

② 게임 시작하기

• 왼쪽의 다양한 미용 도구를 이용하여 산타를 예쁘게 꾸밀 수 있어요.

❶ 산타의 머리와 수염을 자를 수 있는 도구예요.

❷ 은은하고 기분 좋은 향이 나는 향수예요.

❸ 미용 전에 물을 뿌리면 엉킨 털을 정리할 수 있어요.

❹ 젖은 머리와 수염을 말릴 수 있어요.

❺ 다양한 색상의 염색 스프레이에요.

❻ 머리와 수염을 꾸밀 수 있는 장식이에요.

▶ 아래와 같은 모습으로 산타를 만들어 보도록 해요. 머리와 수염을 잘 자르는 것이 중요하겠죠?

MEMO

aileron 보조익

p. 1–31

세로축을 중심으로 옆놀이 운동을 만들어 주기 위한 조종면. 날개의 뒷전 끝부분에 장착되어 조종휠의 좌우 움직임에 연동하며, 대형기의 경우 2개의 보조익(aileron)이 wing inboard/outboard에 장착되어 비행속도에 따라서 세밀한 조종이 이루어질 수 있도록 구성한다. 좌우 날개에 장착된 에일러론(aileron)이 동시에 작동할 때, 올려지고 내려지는 각도의 크기가 다르게 작동하기 때문에 차동조종면이라고 부른다.

aircraft maintenance manual (AMM) 정비매뉴얼

p. 3–3

윤활계통의 보급 및 기능 점검을 포함해서 항공기에서 이루어지는 정비작업을 수행하는 방법 및 절차에 대하여 상세하게 기술한 공식 문서. ATA chapter별로 구성되며 구조 수리 및 개조에 관한 내용은 별도의 structural repair manual(SRM)에 포함된다.

airfoils 에어포일

p. 1–14

비행기 날개의 단면 모양. 항공기가 이동하는 기류를 이용하여 양력을 만들어 내거나 항공기의 움직임을 제어하는 데 도움이 되도록 설계된 날개(wing), 보조익(aileron), 스태빌라이저(stabilizer)와 같은 조종면의 유선형 단면형상을 말한다.

amphibious aircraft 수륙양용 항공기

p. 1–45

육상비행장과 수상비행장 모두에서 뜨고 내릴 수 있도록 만들어진 항공기. 수상비행장에서의 이착륙을 위해 플로트(float)가 장착되어 있고, 육상비행장에서 이착륙이 가능하도록 휠(wheel)이 장착된 랜딩기어시스템(landing gear system)을 갖추고 있으며 차동으로 작동하는 브레이크로 조향이 이루어진다.

anti-chafe tape 마찰방지 테이프

p. 2–6

항공기 외피용 천이 찢어지는 것을 방지하기 위해 부착하는 테이프. 날카로운 돌출부, 리브 덮개, 금속 이음매 부분에 사용한다.

anti-torque system 안티토크시스템

p. 1-57

헬리콥터의 무거운 로터가 회전하면서 발생시키는 회전질량의 토크로 인해 동체를 반대 방향으로 회전시키려는 힘이 발생하기 때문에 이를 상쇄시켜 주기 위해 반대 방향의 추력을 발생시키기 위한 시스템. 헬리콥터에서는 테일 붐 끝에 테일 로터(tail rotor) 또는 페네스트론(fenestron)을 장착한다.

auto rotation 자동회전

p. 1-54

엔진 고장 또는 테일 로터의 고장 시 헬리콥터가 활공하면서 아래로부터 위로 올라오는 상대풍으로 회전하는 힘으로 비행하는 것. 정상적인 헬리콥터의 비행 시 공기는 메인 로터 위에서 아래로 배출되지만, 헬리콥터 인증 시 엔진이 동력을 상실했을 경우를 대비해 아래에서 위로 통과하는 공기 흐름을 이용하여 비행기의 활공비행과 유사한 형태의 비행시험을 통해 안전하게 착륙할 수 있는 성능 확보를 요구하고 있다.

autoclave 오토클레이브

p. 6-34

높은 온도와 압력을 필요로 하는 복합소재 경화공정 등을 수행하기 위한 기계. 균일하고 완전한 경화를 위해 고온에서 적층된 복합소재를 가공할 때 사용하며, 소재의 냉각과 가열, 진공 처리가 가능하고 온도유지 및 압축의 정밀공정을 수행할 수 있다.

aviation snips 항공가위

p. 3-20

판금작업 시 홀, 굴곡진 부분, 보강재를 절단하는 데 사용하는 가위. 오른가위, 왼가위가 따로 있다.

balance panel 밸런스 패널

p. 1-41

에일러론(aileron)이 장착된 날개 뒷전 부분에 2개의 에어 체임버(air chamber)가 형성되어 기체 구조부분과 에일러론 힌지 부분 사이에 장착된 패널. 두 체임버에서 만들어진 공기 압력의 차이가 에일러론의 움직임 쪽으로 힘을 더해주어 작동을 쉽게 만들어주는 역할을 한다.

balance tabs 밸런스 탭

p. 1-40

1차 조종면과 기계적으로 연결되어 조종면의 움직임에 비례하여 그 반대 방향으로 움직이는 탭. 반대 방향으로 움직인 밸런스 탭이 조종면을 움직이는 조종력을 경감시킨다.

balsa wood 발사나무

p. 1-5

무게가 가벼워 항공기 개발 초기에 코어재료로 사용된 목재. 현재 글라이더나 모형 비행기를 제작할 때 사용하고 있다.

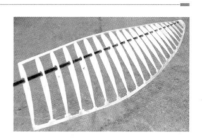

bearing stress 베어링 응력

p. 3-5

구조재에 가해지는 응력의 하나. 리벳이나 볼트와 접합된 판재의 접촉면에 압력이 가해질 때 생기는 힘을 말한다.

bend allowance(BA) 굽힘 허용량

p. 3-88

판재의 굽힘 가공 시 판재 두께에 따라 굽혀지는 데 필요한 실제 길이. 굽힘 반지름을 이용해서 굽히는 각도만큼의 호의 길이로 계산할 수 있는데, 이때 압축과 인장이 일어나지 않는 중심선까지의 두께를 적용한다.

$$BA = \frac{\theta}{360} \times 2\pi\left(R + \frac{1}{2}T\right)$$

bend radius 곡률반경

p. 3-88

파이프, 튜브, 케이블, 호스, 판재를 수명을 단축시키지 않고 구부릴 수 있는 최소 반경. 반경이 작을수록 재료의 연성이 크다.

bending stress 굽힘

p. 3-5

구조재에 가해지는 응력의 하나. 굽히고자 하는 부재의 상면에 인장응력과 하면에 압축응력의 합성응력이 발생한다.

bidirectional fabric 양방향 직물 p. 6–5

복합소재의 일종. 복합재 섬유에 유연성을 주기 위해 직조된 형태로 제작되며, 5 harness stain weave, 8 shaft stain weave 등 다양한 방법의 직조 형태가 활용된다.

blanket method 담요방식 p. 2–16

우포 항공기용 외피용도로 인증된 가공되지 않은 직물을 담요 크기로 재단하여 덮어주는 형태로 접착하는 방법. 안정판이나 조종면의 작업에 적합하다.

blind rivets 블라인드 리벳 p. 3–70

판재작업 시 반대편에 shop head를 가공할 작업자의 접근이 어려울 경우 사용하는 리벳. 단독작업을 하기 때문에 작업이 용이하지만, 강도면에서는 약한 단점이 있으며, pop 리벳 등 다양한 종류가 있다.

blushing 백화현상 p. 2–11

페인트 작업된 상부 표면이 우윳빛처럼 하얀색을 띠며 광택이 나지 않고 색상이 엷고 흐리게 보이는 현상. 페인트 작업 표면의 용제가 급하게 증발하면서 발생할 수 있기 때문에 증발속도가 느린 용제를 첨가하여 예방할 수 있다.

boom 붐 p. 1–57

헬리콥터의 동체와 테일 로터(tail rotor) 구성품을 연결하기 위해 연장된 구조물. 주로 피칭모멘트(pitching moment)와 비틀림(torsion)을 받으며 메인 로터(main rotor)와 테일 로터 사이의 충분한 거리를 확보하기 위해 길게 제작되기 때문에 경량 소재로 제작한다.

borescope inspection 내시경 검사 p. 5–9

접근하기 어렵거나 접근할 수 없는 부품을 분해하거나 손상시키지 않고 검사할 수 있는 비파괴검사방법의 하나. 항공기 엔진의 분해는 복잡하고 위험하며 비용이 많이 들기 때문에 분해하지 않고 부품의 상태를 평가하기 위해 사용된다. 항공기 엔진의 결함이 문제를 더 일으키기 전에 미리 감지하여 비행 안전의 향상에 기여한다. 최근 광학기술의 발달로 디지털 촬영, 비교 판독, 데이터 전송 등의 기술이 적용된다.

brace 버팀대

p. 1-12

하중을 받을 때 강성과 강도를 제공하기 위해 기체를 강화하는 추가 기능성 구조부재. 버팀대(brace)는 항공기 내부 및 외부 모두에 적용될 수 있으며, 필요에 따라 압축 또는 장력으로 작용하는 스트럿 또는 장력에서만 작용하는 와이어의 형태로 적용된다.

brinelling 브리넬링

p. 3-132

표면에 발생한 원주형의 함몰. 부적절한 장착, 취급 중 기계적인 낙하, 작동 중 발생한 하중 등에 의해 발생하는 영구적인 손상을 말한다.

buckling 좌굴, 돌출 변형

p. 1-20, 5-13

하중을 받은 구조물의 구성 요소에 발생한 갑작스러운 변형. 항공기 구조물이 점차적으로 증가하는 하중을 받아 임계수준에 도달하여 동체 표면 일부가 쭈글쭈글해져 주름 잡힌 모양으로 변형되는 것을 가리킨다.

bucking bar 버킹바

p. 3-54

솔리드 리벳의 숍 헤드(shop head)에 해당하는 벅테일을 만드는 데 사용되는 금속막대. 리벳 제작 시 가공된 팩토리 헤드(factory head)와 꼬리에 해당하는 생크 부분을 변형시켜 숍 헤드를 만들어야 하는데, 숍 헤드를 가공하기 위해 적절한 무게와 모양의 버킹바가 사용된다.

bulkhead 벌크헤드

p. 3-3

항공기 동체 내부에 만들어진 직립벽. 원형으로 만들어진 동체의 노즈(nose) 부분과 꼬리 부분에 장착되는 튼튼한 부재로, 여압이 작용하는 부분과 비여압 부분의 경계에 위치한다. 고공비행 시 노출되는 높은 내부 압력에 항공기가 파열되지 않을 정도의 강도가 요구된다.

bumping 범핑

금속 성형가공 공정의 하나. 고무, 플라스틱, 생가죽으로 만든 해머로 두들겨서 모양을 잡거나 성형하는 것을 말한다. 금속의 두들겨진 부분이 늘어나 가라앉지 않도록 받침판 (dollies), 모래주머니 또는 형틀을 받치고 작업해야 한다.

burr 버
p. 3-132

부품의 단면 부분에 발생하는 거친 찌꺼기. 드릴 가공 시 홀 반대편 가장자리에 쌓이며 적절한 공구를 사용하여 제거해 주어야 한다.

burnishing 버니싱
p. 3-132

단단한 표면과의 미끄럼 접촉에 의해 항복강도를 부분적으로 초과하면서 발생한 표면의 소성변형. 표면을 매끄럽게 하고 밝게 만들어 준다.

bushing 부싱
p. 3-11

가공된 홀과 패스너(fastener)의 직접적인 접촉을 막기 위해 홀 안에 삽입하는 미끄럼 베어링. 면과 면이 접촉하기 때문에 축이 회전할 때 마찰저항이 구름 베어링보다 크지만, 하중을 지지하는 능력이 커서 충격을 많이 받는 연결구조 부분에 많이 사용된다.

butt joint 맞대기이음
p. 4-44

특별한 모양 없이 두 개의 재료를 단순히 끝을 함께 배치하여 결합하는 접합방법. 가장 간단한 이음방법이지만, 보강재를 사용하지 않으면 구조적으로 약하다.

buttock line(BL) 버톡라인
p. 1-49

항공기를 운용하는 도중 수리·개조 등의 정비작업을 할 때 참고할 수 있도록 동체 구조물 안쪽에 표시된 세로축 중심선부터 개별 구조물까지의 거리. 동체 중심선으로부터 윙팁 (wing tip) 방향으로 측정된 거리값을 L/H, R/H로 표현한다.

camber 캠버
p. 1-19

에어포일(airfoil)의 앞전에서 뒷전까지를 잇는 시위선을 기준으로 한 에어포일 곡선의 볼록

한 정도. 날개의 양력특성에 영향을 미치며 의도된 속도와 목적에 따라 캠버의 크기를 달리 디자인한다.

cap strip 캡 스트립 p. 1-18

날개 리브의 상단 및 하단의 주요 부재 또는 패널 플랜지의 상부 부재. 캡 스트립은 강도를 증가시키고 상부를 덮는 재료의 안정적인 부착을 위해 넓은 면적을 제공하는 역할을 한다.

carbon fiber 탄소섬유 p. 6-8

탄소원자로 구성된 탄소 또는 흑연 섬유. 내열성, 탄성 및 강성과 인장강도가 높으며, 가볍고 화학약품에 강하다. 항공기 부품 구조재, 고온 단열재, 스포츠용품(낚싯대, 골프채 등) 등 각 분야의 고성능 산업용 소재로 널리 쓰인다.

center of gravity (CG) 무게중심 p. 1-31

항공기 세로축에 위치한 무게중심점. 수평상태의 항공기가 균형을 이루어 움직임 없이 자세를 유지하기 위한 점으로, 일반적으로 평균 공력 시위의 25%에 위치한다. 운송용 항공기의 경우 3년에 1회 정기적으로 무게중심점을 측정하고 있으며, 무게중심점이 변화가 있어서 수리 또는 개조 작업을 해도 무게중심점 측정이 이루어져야 하고 해당 항공기의 무게

중심점이 무게중심의 한계를 벗어나지 않도록 매 비행 전 무게중심의 변동상황을 확인한다.

ceramic fibers 세라믹섬유 p. 6-9

내열성과 내식성이 강한 광물섬유. 알루미나·실리카 및 기타 금속산화물 등의 재료로 만들어지며, 금속 대용으로 고온 응용 분야에 사용된다.

chip chasers 칩 제거도구

p. 3-31

항공기 기체에서 드릴 작업 시 판재 사이에 박혀 있는 칩을 제거하기 위한 공구

chuck 척

p. 3-22

드릴 건에 드릴 포인트를 고정하기 위한 회전공구. 완벽한 고정을 위해 정확한 크기의 척을 사용해야 하며, 드릴 건에 있는 모든 홀에 균등한 힘으로 조여주는 작업을 반복해서 마무리해야 한다.

cleco fasteners 클레코 패스너

p. 3-44

알루미늄 판재 가공 시 판재를 고정하기 위한 임시 패스너. 클레코 플라이어로 잡아서 사용하며, 다양한 홀 크기에 맞게 제작되어 있어 몸체 색깔로 크기를 구분하며, 작업자는 가공된 홀 크기와 꼭 맞는 것을 선택해서 사용해야 한다.

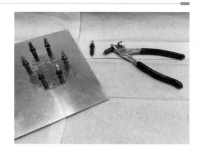

close bends 닫힘 굴곡부

p. 3-108

판재의 굽힘 가공 시 굽힘 각도가 90°를 넘는 굽힘. 굽힘 각도의 크기에 따라 열림과 닫힘으로 부른다.

coin tapping 코인 태핑

p. 6-24

복합소재의 손상 여부를 검사하는 방법의 하나. 해머 형태의 가벼운 공구를 사용하여 가볍게 두드려 전달되는 반응소리를 듣고 결함 여부를 판단하며, 들뜸 현상과 같은 내부 손상이 있는 곳에서는 둔탁한 소리가 난다.

collective pitch control 콜렉티브 피치 조종

p. 2-26

조종사의 좌석 왼편에 장착된 조종장치로 주 회전익(main rotor blade)의 각도를 한꺼번에

조절하므로 양력을 증가시키거나 감소시키는 것.
헬리콥터의 상승과 하강 운동을 조장한다.

compression stress 압축응력　　　　　　　　　　　　　　p. 3-4

구조재에 가해지는 응력의 하나. 양쪽에서 눌러 압착하는 힘

control cable 조종 케이블　　　　　　　　　　　　　　　　p. 1-32

조종간의 움직임을 각각의 조종면에 전달하기 위한 장치. 케이블의 유연성을 위해 19개의
가는 철사를 꼬아서 만든 7개의 케이블을 다시 꼬아서 케이블 1개를 만든다. 1차 조종면에
는 1/8 inch size 이상의 케이블만 사용하도록 항공기기술기준에 규정되어 있다.

control stick 조종간　　　　　　　　　　　　　　　　　　p. 1-40

1차 조종면의 움직임을 위한 input 장치. 조종석 중앙에 장
착된 조종간(control stick)은 항공기의 3축운동 중 세로축
과 가로축의 움직임을 만들어 주며, 세로축 조종을 위한
조종휠(control wheel)과 가로축 조종을 위한 조종대(control
column)로 구분한다.

corrosion 부식　　　　　　　　　　　　　　　　　　　　p. 3-132

주위 환경과의 화학반응으로 인하여 물질이 구성원자로 분
해되는 현상. 일반적으로 산소와 같은 산화체와 반응하여
금속이 전기화학적으로 산화하는 것을 말하며, 구조재료의
강도를 떨어뜨리기 때문에 주기적인 검사 등의 관리가 필
요하다.

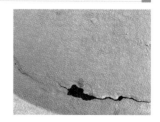

counterbalance 평형추

p. 3-131

항공기 조종면에 발생할 수 있는 진동을 예방하기 위해 장착하는 추가 무게. 모멘트를 크게 하기 위해 힌지축 전방으로 돌출된 형태로 장착한다.

countersinking 카운터싱킹

p. 3-61

날개 상면 등 유선형 공기흐름이 필요한 곳에 사용하는 리벳을 장착하기 위한 홀가공작업. 드릴 가공된 홀의 상부를 접시머리 리벳의 모양으로 리벳 각도만큼 깎아내는 작업으로, 동일한 홀을 반복 가공하기 위해서 microstop countersink를 사용한다.

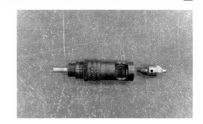

cowling 카울링

p. 1-26

카울 또는 카울링은 검사 등을 하기 위해 열거나 제거할 수 있도록 만들어진 엔진 덮개. 엔진 나셀의 일부분으로서 항력을 줄이고 엔진을 냉각시키는 등의 역할을 한다.

crack 균열

p. 3-132

금속 부재가 충격이나 하중 등으로 인해 갈라지는 현상. 진동이나 충격으로 인한 응력집중으로 표면을 가로지르는 가늘고 얇은 선으로 보이는 갈라짐이 내부까지 진행된 결함의 형태를 말한다.

creep 크리프

p. 1-13

소재에 일정한 하중이 가해진 상태에서 시간이 경과하면서 소재의 변형이 계속되는 현상

crimping 크림핑

p. 3-87

금속 성형가공 공정의 하나. 판금의 연결 부분의 지름 등 크기를 줄이기 위해 접거나 주름을 잡아주는 작업을 말한다.

curing 경화

p. 6-12

고분자 물질의 강화 또는 경화 공정. 두 가지 화학물질이 반응하여 요구되는 강도의 증가 등 목적한 성질이 완성되는 과정으로, 경화가 진행되는 장소의 온도·습도 등에 영향을 받는다.

cyclic pitch control 사이클릭 조종

p. 2-34

조종사의 다리 사이에 있는 조종간을 움직여 메인 로터(main rotor)의 기울기를 조절하여 헬리콥터의 피칭(pitching), 요잉(yawing), 롤링(rolling) 운동을 조종한다. 요잉운동 시 페달의 도움을 받는다.

deburring tool 디버링 공구

p. 3-22

드릴 작업 후 판재 표면에 남는 오돌토돌한 부분을 제거하는 공구. counter sunk 작업 후 디버링 작업 시 너무 많은 부분을 깎아 내지 않도록 주의가 필요하다.

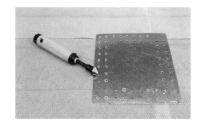

delamination 딜래미네이션

p. 6-20

재료가 여러 층으로 분리되는 결함의 일종. 수직으로 작용하는 고강도 하중과 전단하중으로 인해 폴리머 매트릭스가 파손되거나 섬유 보강재가 폴리머로부터 분리되는 현상을 말한다.

dent 움푹 들어감

p. 3-133

물체의 타격으로 정상적인 윤곽을 유지한 상태에서 금속 표면이 움푹 들어간 부분. 손상된 부분의 가장자리는 매끄러우며 길이는 한쪽 끝에서 다른 쪽 끝까지 가장 긴 거리로 측정하

고, 폭은 너비의 길이 방향 90도에서 측정된 움푹
들어간 부분 중 두 번째로 긴 거리로 측정한다.

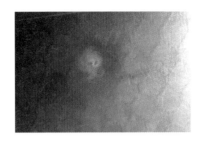

dimpling 딤플링 p. 3-62

접시머리 리벳이나 스크루 장착을 위해 판재를 접
시머리의 각도에 맞게 움푹 들어가도록 변형 가공
하는 작업. 카운터 싱킹 작업을 하기 어려운 얇은
판재에 적용하며, 암수 형틀을 이용해서 가공작업
을 한다.

dollies 받침판 p. 3-41

판재의 굽힘 가공을 위한 받침. 대형 장비의 사용이 불편한 작은 크기의 굽힘 작업을 수작
업으로 수행하기 위한 공구로, 평평한 받침부터 돔형의 받침까지 다양한 모양으로 제작되
어 있으며, 목재 해머 등과 세트로 사용된다.

dorsal fin 도살핀 p. 1-45

수직 안정판 전방 아랫부분에 장착한 작은 필
릿. 수직 표면의 실속각을 증가시켜 rudder lock,
rudder reversal 현상을 방지한다.

drill bushing holder 드릴 부싱 홀더

p. 3-29

드릴 작업 시 부품에 홀 가공을 하기 위해 수직으로 사용하는 가이드

edge distance 연거리

p. 3-51

리벳 홀 끝선으로부터 판재의 가장자리 끝까지의 거리. 너무 가깝거나 먼 거리에 장착할 경우 하중이 집중되어 균열이 발생하거나 들뜸 현상이 발생할 수 있어서 최소 간격과 정해진 간격의 규칙을 따라야 한다.

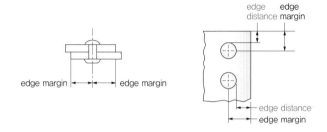

electrical conductivity 전기전도율

p. 4-33

재료의 전류전달능력의 척도. 전기저항은 전류에 저항하거나 전도하는 정도를 정량화하는 재료의 기본 속성으로, 저항 속성이 낮은 물질은 전류를 쉽게 허용한다.

elevator 승강타

p. 1-33

가로축을 중심으로 한 키놀이 운동을 만들어 주기 위한 조종면. 수평안정판 뒷전에 장착되어 조종간의 전후 움직임에 연동하며, 조종사의 피로 감소와 항공기의 안정성 확보를 위해 stabilizer trim 기능에 의해 잦은 승강타의 움직임을 줄일 수 있다.

elevon 엘러본

p. 1-34

항공기 비행특성을 고려하여 두 개의 조종면 역할을 하도록 만들어진 구성품의 하나. 승강타(elevator)와 에일러론(aileron)의 기능을 수행한다.

engine mount 엔진 마운트

p. 1-27

엔진을 항공기의 동체 또는 프레임과 연결하는 구조부재. 엔진의 진동을 억제하고, 원활한

비행을 위해 항공기 구조 전체에 안전하게 스러스트를 분산시키는 등 다양한 기능을 수행한다.

envelope method 봉투방식
p. 2-16

우포 항공기 제작 시 미리 잘라서 바느질한 천을 구조물에 입히듯 접착하는 방법. 동체, 날개 등의 부분작업에 적합하다.

epoxy 에폭시
p. 6-10

열경화성 합성수지의 한 종류. 액체에서 고체에 이르기까지 다양한 점성(viscosity) 형태의 에폭시를 선택적으로 사용할 수 있다. 경화제를 첨가할 때 열경화성이 발현되며, 경화제와 충전제를 조합하여 다양한 특성을 가진 경화수지를 만들 수 있다. 고강도, 저휘발성과 수축에 대한 안정성, 우수한 부착력, 화학적 저항성, 가공성이 좋은 장점이 있는 반면에, 충격에 약하고 습기 침투 시 구조적 안정성이 취약한 단점이 있다. 항공분야의 프리프레그(prepreg) 재료와 구조접착제로 널리 사용된다.

erosion 침식
p. 3-133

고운 모래나 작은 돌 같은 외부 물질에 의한 지속적인 접촉으로 기계적으로 금속 표면이 손실된 결함. 엔진 노스카울, 날개 앞전 등에 발생하며, 침식되면 표면이 거칠어진다.

exhaust gas temperature(EGT) 배기가스온도
p. 1-54

가스터빈엔진 터빈 섹션에서 배출되는 가스의 온도. 배기덕트 내부에 장착된 열전대가 온도를 감지하며, 제한 온도의 초과 여부는 가스터빈엔진 설계상의 성능상태를 모니터하는 데 의미가 있으며, EGT 한계 초과 시 내부 구성품의 특별 점검과 엔진 교체가 이루어질 수 있다.

fail safe construction 페일세이프구조 p. 1-19

주요 구조 요소의 고장 또는 부분적 고장이 발생한 상태로 수리하지 않은 사용 기간 동안 필요한 잔존 강도를 유지할 수 있는 항공기 구조물의 속성. 항공기를 설계할 때 구성품 하나에 결함이 발생하더라도 완전한 파괴로 이어지지 않고 그 기능을 유지할 수 있도록 대안을 고려한 구조로서 redundant, double, back-up, load dropping 형태로 적용된다.

fatigue 피로 p. 1-13

금속 재료에 가해진 응력으로 인해 금속이 약해져 작은 균열이 발생하고, 그 발생한 균열이 누적되는 현상. 피로현상이 집중되거나 누적되면 피로파괴로 이어진다.

feathering hinge 페더링 힌지 p. 1-56

회전하는 로터가 전방을 향해 회전하는 위치를 지나거나, 후방을 향해 회전하는 위치를 지날 때 발생하는 속도 차이로 인한 양력의 비대칭을 극복하고 효과적인 공기력을 유지하기 위해 로터의 피치각을 변경해 주는 힌지를 말한다.

fenestron 페네스트론 p. 1-57

헬리콥터 로터 회전에 의한 anti-torque 제공을 위해 수직 파일론에 장착된 테일로터의 종류 중 하나. 일반적으로 외부에 장착된 로터의 손상을 방지하고 회전 시 발생하는 소음을 줄여 주기 위해 수직안정판 내부에 덕트 형태로 보호 받을 수 있도록 제작된다.

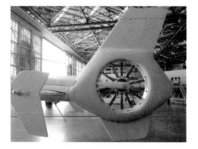

fiberglass 유리섬유 p. 6-7

유리섬유를 사용한 섬유강화플라스틱. 탄소섬유보다 저렴하고 유연하며, 비자성·비전도성이 있으며 복잡한 모양으로 성형할 수 있다.

filler plug 필러 플러그
p. 3–140

항공기 외피에 발생한 nick, dent, crack 등 결함의 크기에 따라 손상된 부분을 도려내고 동일한 종류의 판재를 가공하여 만든 삽입재. 플러시 패치방법으로 결함 부위에 따른 기준은 SRM 53-00-00을 참조한다.

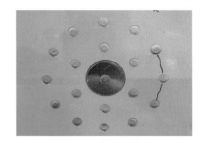

fillet weld 필릿용접
p. 4–41

두 개의 금속조각이 수직이거나 비스듬하게 맞닿은 상태로 접합하는 용접. 용접면이 삼각형 모양으로 만들어지며 플랜지를 파이프에 연결하거나 볼트가 충분히 강하지 않고 쉽게 마모되는 곳에 사용한다.

finger brake 핑거 절곡기
p. 3–33

판금작업 시 상자형태의 구조물을 가공하기 위해 사용하는 장비. 다양한 폭을 갖는 핑거(finger)를 L렌치로 풀고 조일 수 있어 상자 가공 등 원하는 모양에 맞게 세팅하여 가공할 수 있다.

fixed wing aircraft 고정익 항공기
p. 1–2

동체에 날개가 고정된 항공기. Accident Data Reporting System(ADREP; ICAO에서 지정된 기본 특성에 따른 항공기 분류에 사용되는 용어집)의 분류체계에 따라 비행기, 헬리콥터, 글라이더, 자유기구에 의한 항공기의 종류 중 공기보다 무거운 항공기 가운데 비행 중 날개가 고정되어 있는 항공기를 말한다. 항공기기술기준에는 "엔진으로 구동되는 공기

보다 무거운 고정익 항공기로서 날개에 대한 공기의 반작용에 의하여 비행 중 양력을 얻는다."라고 정의되어 있다.

flapping hinge 플래핑 힌지

p. 1-56

회전하는 로터가 전방을 향해 회전하는 위치를 지나거나 후방을 향해 회전하는 위치를 지날 때 발생하는 속도 차이로 인한 양력의 비대칭을 극복하고 효과적인 공기력을 유지하기 위해 rotor tip을 들어주거나 내려주는 힌지

flaps 플랩

p. 1-35

항공기가 이륙 또는 착륙하는 동안 양력을 증가시켜 주기 위한 조종면. 양력 특성을 향상시키기 위해 캠버를 증가시키고, 면적을 크게 만들어 주기 위해 뒤쪽으로 펼쳐지며, 구조적인 손상 방지를 위하여 작동 가능한 비행 속도와 항공기 속도에 맞는 작동 각도가 정해져 control lever의 움직임을 제한하는 홈인 detent로 만들어져 있다.

flush patch 플러시 패치

p. 3-141

외피에 발생한 균열이나 작은 홀을 수리하기 위한 방법 중 하나로, 공기역학적인 매끄러움이 중요하게 여겨지는 부분에 적용하는 수리방법. 도려낸 부분에 필러가 삽입되고 내부에 보강재가 삽입되어 리벳으로 체결한다.

flutter 플러터

p. 3-131

항공기가 공기 중을 비행할 때 조종면에 발생하는 진동. 플러터가 제어되지 않으면, 조종면에 손상이 발생될 수 있어서 위험하며, 플러터를 방지하기 위해 힌지 전방으로 돌출된 무게추를 달아 발생하는 진동을 제어한다.

fly-by-wire 플라이 바이 와이어

p. 1-32

조종간의 움직임을 각각의 조종면에 전달하기 위한 전달장치. 케이블과 다르게 전기신호가 전달되는 통로 역할을 하며, 조종면 부근에 장착된 파워 팩이나 작동기의 밸브 위치를 조절하여 작동면의 움직임에 대한 명령을 전달한다.

fowler flap 파울러 플랩

p. 1–37

운송용 항공기에 적용되는 보편적 형태의 플랩. 비행 모드나 단계에 따라 접혀 있던 플랩이 펼쳐지면서 날개 면적과 캠버가 동시에 증가하여 보다 많은 양력을 발생시킨다.

frame 프레임

p. 1–12

항공기 동체 부분의 모양을 잡아 주기 위해 장착된 원형의 2차 구조부재. 모노코크 구조와 세미모노코크 구조의 부재로 사용되며, 제작사에 따라서 frame, ring, former라는 이름으로 불린다.

fretting 프레팅

p. 3–137

베어링과 같은 진동과 반복된 하중에 노출된 표면 운동에 의해 접촉 표면에 발생하는 울퉁불퉁한 마모와 부식에 의한 변색을 말한다.

fully articulated rotor 완전접합식 회전날개

p. 1–56

회전하면서 발생하는 회전속도의 변화에 따른 공기력을 효과적으로 통제하기 위해 mast 부분에 상하전후로 움직일 수 있는 힌지들을 추가적으로 갖고 있는 rotor. 블레이드는 서로 독립적으로 flap, feather, lead/lag 운동을 할 수 있다.

fuselage station 스테이션 넘버 p. 1-48

항공기 운용 중 발생하는 수리 개조 등 정비작업 시 참고
할 수 있도록 동체 구조물 안쪽에 표시된 기준선으로부터
개별 구조물까지의 거리 표시. 항공기 제작 설계 시 정해
진 datum line을 기준으로 항공기 꼬리날개가 있는 후방
동체 방향으로 세로축을 중심으로 수직면으로 자른 거리
값으로 표시한다. 단위는 inch를 사용한다.

galling 갈링 p. 3-133

두 개의 금속이 심한 마찰에 의해 표면이 파손되는 현상. 상대적으로 부드러운 금속의 입자
가 찢어져서 더 강한 금속에 열변형으로 달라붙는다.

gap seal 갭실 p. 1-43

조종면과 날개 구조부 사이를 지나는 공기 흐름이 발생하지 않도록 틈새를 막아 주기 위해
장착된 seal. 장착되는 부위에 따라서 모양과 재질이 달라진다.

gouge 가우지 p. 3-133

강한 압력에 의해 외부 물체와 접촉되어 금속 표면에 깊은 홈이 패이거나 표면의 일부가 벗
겨져 나가는 것을 말한다.

grit blast 그릿 블라스트 p. 2-19

구조부에 발생한 부식을 제거하기 위해 작은 알갱이를 압력으로 분사해서 알갱이와의 마찰
에 의해 부식물을 제거하는 방법. 사용된 연마제가 항공기 내부에 남아 있지 않도록 제거작
업에 신경써야 한다.

grommets 그로밋 p. 2-8

천 외피의 가공된 구멍을 보강하기 위해 장착된 금속 링

ground loop 지상전복

비행기가 지상에서 이동 중 지면에서 빠르게 회전하는 현상. 공기역학적인 힘에 의해 전진
하는 쪽 날개가 상승하여 다른 날개 끝이 지면에 닿아서 심각한 손상이 발생할 수 있다.

gusset 덧붙임판
p. 1-12

부재가 결합되는 지점에서 한 부재에서 다른 부재로 응력을
전달하기 위해 사용되는 추가 판재. 교차하는 구조부재를
결합하고 보강한다.

hardenability 경화성
p. 4-23

금속의 물리적 특성 중 하나로, 금속재료의 열처리 공정을 거쳐 경화시키는 정도. 열처리한
철금속을 담금질하는 등 열처리 절차에 따라 금속 내부의 경화 정도가 달라진다.

heat exchanger 열교환기
p. 4-31

둘 이상의 유체 사이에 열을 전달하는 데 사용되는 장치. 냉각이나 가열을 필요로 하는 유
체 상호 간의 열교환을 통해 서로 원원하는 효과를 얻기 위해 항공기에 장착된 여러 시스템
에서 활용하고 있다. 에어컨디션 계통, 오일 계통, 유압 계통, 연료 계통 등에 사용된다.

hole duplicator 홀 복제기
p. 3-11

구조물에 있는 기존 홀의 위치를 새로운 판재에 잡아주고 맞추기 위한 공구. 가공하기 위
한 새로운 판재를 복제기에 넣은 상태에서 기존 홀에 복제기의 돌기를 맞추어 홀을 쉽게
맞춘다.

hunting 헌팅
p. 1-56

엔진 속도가 원하는 속도보다 높거나 낮게 주기적으로 변하는 현상. 헌팅 현상을 제거하기
위해 governor 또는 연료조절장치를 확인해야 한다.

inclusion 개재물
p. 3-133

부품을 구성하는 금속의 내부에 포함된 이물질. 몸체를 이루는 금속 전체가 비슷한 탄성 등
의 성질을 갖고 있지만, 노출된 열에 의한 변형률이 달라 국부적으로 강도가 약한 부분이
나타날 수 있다.

inspection ring 검사링 p. 2-9

우포 항공기의 천 외피 내부의 구조물을 검사하기 위해 장착하는 링. 천 외피에서 도려낸 구멍 주위에 안정적인 테두리를 제공하기 위해 끼운다.

jack point 잭포인트 p. 1-51

수리·개조·점검 등의 정비작업을 목적으로 항공기를 들어 올리기 위해 사용하는 잭이 연결되는 위치. 하중이 집중되므로 longeron, spar 등 주요 구조부에 만들어지며, 항공기 형식에 맞는 잭 패드(jack pad)의 선택에 신경 써야 한다.

joggling 저글링 p. 3-119

판재 굽힘 가공 시 두 장의 판재가 교차하면서 발생하는 단차를 부드럽게 지나면서 접합하는 굽힘 가공방법이다.

jury strut 보조 버팀대 p. 1-15

메인 지지대에서 원하지 않는 공명과 진동을 제거하기 위해 추가로 설치되는 보조 지지대

kevlar 케블라 p. 1-25

1965년 듀폰이 개발한 내열성과 강성이 강한 합성섬유. 높은 인장강도 대 중량비를 갖고 있어서 복합재료 구성요소로 사용된다.

Krueger flap 크루거 플랩 p. 1-38

날개의 아래 표면에 고정되어 있다가 작동시키면 날개 앞쪽으로 연장된 형태로 펼쳐지는 항공기의 날개 앞전 전체 또는 일부에 장착되는 고양력장치. 작동시키면 메커니즘의 작동

에 의해 엑추에이터가 날개 아래 표면에서 플랩을 다운시킨 후 펼쳐서 날개 캠버를 증가시켜 양력을 증가시킨다.

laminated structures 층상구조 p. 6-2

강도 증가, 안정성, 방음 등의 목적을 달성하기 위해 여러 층으로 재료를 제조한 구조. 복합소재의 개별 특성을 조합하여 여러 층으로 쌓아 올려 향상된 물성을 갖도록 활용된다.

lap joint 단이음 p. 4-31

두 개의 부재가 겹쳐지게 하는 접합방법. 판재를 접합할 경우 두 개의 부재가 서로 겹쳐지게 하여 패스너로 체결한다.

lead-lag 리드래그 p. 1-56

회전하는 로터가 전방을 향해 회전하는 위치를 지나거나, 후방을 향해 회전하는 위치를 지날 때 발생하는 속도 차이를 극복하고 효과적인 공기력을 유지하기 위해 rotor의 앞전을 전진 방향, 후진 방향으로 앞섬과 뒤처짐을 주는 것을 말한다.

lightening hole 무게경감 홀 p. 1-30

항공기 기체 구조 부분에 사용되는 판재의 무게를 줄이기 위해 판재 중간 중간에 뚫어 가공한 구멍. 뚫린 부분으로 인한 강도 저하를 방지하기 위해 플랜지 가공이 이루어지며, 항공

기 무게를 줄이기 위해 동체·날개 등 주요 구조부
의 많은 부분에 적용된다.

longeron 세로대 p. 1-11

항공기 동체를 구성하는 척추 역할을 하는 가장 강
력한 강도를 갖는 부재. 날개가 장착되거나 랜딩기
어가 장착되는 부분을 보강하기 위해 항공기 기수에
서 꼬리날개 방향으로 길게 설치되며, 사진에서 벽
면으로 보이는 두껍게 가공된 부재인 세로대에 프레
임, 포머, 링 등 수직부재가 추가로 장착되며 날개,
착륙장치 등의 구성품들이 조립되는 base 역할과 이들로부터 전달되는 하중을 담당한다.

main rotor 주회전날개 p. 1-55

양력을 발생시키는 비행기의 날개와 같은 역할을
하는 헬리콥터의 회전날개. mast, hub, rotor로 구
성되며, 헬리콥터 무게를 지탱하는 양력과 전진
비행 시 항력에 대응하는 추력을 생성하는 기능을
한다.

malleability 펴짐성 p. 4-23

금속의 물리적 특성 중 하나로, 압축에 의해 변형되어 새로운 형태를 취하는 속성. 망치질
이나 압착, 롤링 등으로 깨지지 않고 형태가 변하는 성질이다.

metal inert gas welding (MIG welding) 불활성기체 금속용접 p. 4-4

불활성가스를 사용하며, 사용하는 소모성 와이어가 전극봉 역할을 하여 전극봉 끝과 모재 사이에 아크를 발생시켜 전극이 녹아 달라붙어 용접이 되는 방식이다.

monocoque structure 모노코크 구조 p. 1-10

구조외피라고도 불리는 모노코크는 달걀 껍질과 비슷하게 물체의 외피에 의해 하중이 지지되는 구조시스템. 다른 보강 부재가 사용되지 않기 때문에 주 응력을 외피가 전담하며, 충분한 강도를 유지하기 위해 외피의 두께 증가가 필수적이라서, 항공기의 중량이 증가하는 단점이 있다. 항공기 내 적재 공간을 확보하기 위해 초기 모델에 사용되었다.

nacelles 나셀 p. 1-26

항공기의 엔진이나 기타 장비 등을 수용하는 동체와 분리된 하우징. 공기역학적인 유선형 제작이 설계 시 고려되는 중요한 요소이며 fuel line, control line 등을 pylon을 통해 항공기로 연결한다.

nick 찍힘 p. 3-133

얇은 구성품이나 부품의 가장자리 끝부분에 강한 접촉에 의해 잘리거나 찍히는 것. 터빈 블레이드 끝부분에 FOD에 의한 손상이 자주 발생한다.

no tail rotor helicopter(NOTAR helicopter) 테일로터 없는 헬리콥터 p. 1-58

헬리콥터 rotor 회전에 의한 anti-torque 제공을 위해 붐 안쪽에 장착된 회전 노즐을 갖춘 헬리콥터. 테일로터가 없는 것처럼 보이지만 붐 내부에 장착된 팬을 사용하여 다량의 저압 공기를 생성하는데, 이 공기가 두 개의 슬롯을 통해 빠져나가면서 테일 붐 주변의 경계층을 만들고, 경계층은 테일 붐 주변의 기류 방향을 변경하여 메인 로터의 토크 효과에 의해 동체에 전달되는 움직임과 반대되는 추력을 생성한다.

nomex 노멕스

p. 1-25

듀폰이 1960년대 초 개발한 내화성 meta-aramid 소재. 탄력성이 우수하고, 밀도가 낮으며 강도 대 중량비가 높아 허니콤 구조의 내부 충전재로 사용된다.

overhaul manual 오버홀 매뉴얼

p. 1-47

제품의 사용시간을 0으로 환원하기 위해 전체를 분해하고 소모품을 교환해 주는 절차를 포함한 매뉴얼

patches 패치

p. 3-140

외피에 발생한 균열이나 작은 홀을 깨끗하고 매끄럽게 수리하기 위해 덧대는 작업. 공기역학적인 매끄러움이 중요하게 여겨지지 않는 부분에 필요한 수의 리벳을 장착하기에 충분한 크기로 원형, 정사각형, 직사각형 형태로 제작한다.

pinked edge 핑크 에지

p. 2-4

우포 항공기 외피용 천 등을 직조한 후 풀리지 않도록 마감 처리한 부분. 톱날 모양으로 가공 처리한다.

pitching motion 키놀이 운동

p. 1-30

항공기의 세로축, 가로축, 수직축을 중심으로 하는 운동 중 가로축에 대한 움직임. 가로축은 항공기 왼쪽 날개의 끝에서 오른쪽 날개의 끝을 잇는 공기력의 중심선으로, 조종간을 조작하여 수평안정판 뒷전에 장착된 elevator의 각도 변화를 만들어줌으로써 항공기 기수 부분의 up/down 운동이 이루어진다.

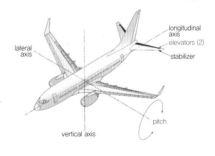

pitting 피팅

p. 3-133

금속 표면에 발생한 작은 구멍 형태의 부식을 말한다.

plain flap 평면플랩 p. 1-36

경량항공기에 적용되는 가장 간단한 형태의 플랩. 날개 뒷전의 힌지에 장착된 평판 형태의 조종면

plasma arc welding 플라스마 아크 용접 p. 4-8

텅스텐으로 만들어진 전극과 작업 부분 사이에서 파일럿 전기 아크가 형성되며 주입된 아르곤가스가 플라스마 상태로 변해 모재와 전극봉 사이에서 아크가 발생하여 용접이 이루어진다. 추가된 아르곤가스가 대기로부터 용융금속을 보호하는 용접방식이다.

prepreg 수지 침투 가공재 p. 6-12

에폭시수지 또는 페놀수지 등과 혼합된 열가소성수지에 함침된 복합소재. 부분 경화된 폴리머 매트릭스 형태로, 완전 경화를 방지하기 위해 냉장 보관한다.

pressurization 여압 p. 1-12

고공 비행 중인 항공기 내부 탑승자의 목숨을 유지할 수 있도록 지상과 유사한 대기조건을 제공하기 위해 객실 내의 압력을 높여주는 것. 승무원과 승객의 편안함과 안전을 보장하기 위해 항공기 내부의 압력(기내 압력)을 지상에서와 비슷한 상태로 제공하기 위해 cabin pressure control system을 활용해 압력을 높여 줌으로써 산소마스크와 같은 도움장치 없이 기내에서 호흡이 가능하며, 일상적인 활동을 할 수 있다.

prick punch 점찍기 펀치 p. 3-8

금속에 참조 표시를 만들기 위해 사용하는 날카로운 끝을 가진 펀치. 드릴 작업을 위해서는 작은 홈 위에 센터펀치로 확대해야 하며, 점찍기 펀치(prick punch)는 해머로 가격하지 않아야 한다.

primary flight control surface 1차 조종면 p. 1-30

항공기 비행 조종면은 조종사가 비행 중인 항공기의 방향과 자세를 제어하는 수단으로, 1차 및 2차 조종면으로 세분된다. 1차 비행 조종면은 비행 중 항공기를 안전하게 제어하는 데 필요하며 에일러론, 엘리베이터 및 러더로 구성된다.

primer 프라이머
p. 2–9

우포 항공기 직물의 피복공정의 첫 번째 칠. 금속구조물 2액형 에폭시 프라이머를 사용한다.

pulley 풀리
p. 1–32

케이블의 움직임 방향을 변경시켜 주기 위한 조종계통의 구
성품. 기체 구조부분에 장착되며 중앙에 위치한 핀을 중심
으로 회전하는 구성품으로, 케이블이 마찰에 의해 마모되지
않도록 연질의 재료로 만들어진다.

radiography 방사선 검사
p. 6–27

X선, 감마선을 사용하여 물체의 내부 형태를 검사하는 비파괴 검사방법의 하나이다.

radius shim 곡률 심
p. 3–103

판재의 굽힘 가공 시 사용하는 radius bar가 추가적인 곡률이 요구될 때 덧대어 작업하는 판
재. 1/16 inch 단위의 판재를 사용하여 필요시 여러 장을 추가하면서 원하는 각도를 맞출
수 있다.

reamers 리머
p. 3–28

드릴작업한 홀을 원하는 크기로 늘리거나 매끄럽게 마무리하는 공구. 드릴 끝(drill point)과
비슷한 모양으로 가공된 리머의 경우 드릴 끝으로 착각하고 홀가공을 시도하지 않도록 주
의가 필요하며, 한 방향으로 돌리면서 빼내야 한다.

reinforcing tape 보강 테이프
p. 2–7

우포 항공기 리브에 천의 외피를 부착하는 부분에 사용하는 테이프. 해당 부분을 보호하고
강화하기 위해 사용한다.

relief hole 릴리프홀
p. 3–106

판재의 굽힘 가공 시 교차하는 부분에 발생하는 하중을 분산시키기 위해 뚫어 주는 홀.

홀의 크기는 사용하는 판재의 두께에 따라 적용한다.

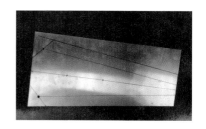

retarder 억제제 p. 2-11

건조 시간을 늦추기 위한 첨가제. 분무된 도장이 평평해져서 더 짙고 광택이 있는 마무리가
되도록 많은 시간을 제공하기 위해 첨가한다.

rigid rotor 고정식 회전날개 p. 1-55

가장 간단한 방법으로 제작된 단일 각도로 회전하는 rotor.
rotor hub 부분에서의 움직임을 허용하는 추가적인 힌지가
장착되지 않아 구조가 간단하고 정비비의 감소 효과가 크
며, 이를 위해 fiber composite 재질 등으로 로터 블레이드
를 제작한다.

rivet length 리벳 길이 p. 3-49

리벳 헤드 아래 섕크의 길이. 리벳 길이는 접합할 판재의 두께에 리벳 직경의 1.5배를 더해
총길이를 구한다.

rivet pitch 리벳피치 p. 3-52

리벳 헤드 중심선으로부터 다음 리벳 헤드 중심선까지의 길이. 리벳이 장착된 판재가 하중
을 담당해야 하기 때문에 최소 간격과 정해진 간격의 규칙을 따라야 한다.

rivet spacers 리벳 간격기　　　　　　　　　　　　　　　　　p. 3-7

판재에 리벳 배치를 정확하고 빠르게 그리기 위한 공구. 아코디언을 접었다 폈다 하는 것처럼 도구를 확장하거나 축소하는 방법으로 리벳의 연거리와 피치를 설정 할 수 있어, 동일한 간격의 리벳 배치도를 빠르고 쉽게 작도할 수 있다.

rivet spacing 리벳 간격　　　　　　　　　　　　　　　　　　p. 3-51

외피가 기체 구조의 부재 역할을 하는 항공기의 판재작업 시 최소 거리와 최대 거리의 제한 등 리벳 작업에 적용하는 배치 기준. 수리 작업 시에는 제작사가 손상 부분에 사용한 것과 동일한 연거리, 피치를 적용해야 한다.

rolling motion 옆놀이운동　　　　　　　　　　　　　　　　　p. 1-30

항공기의 세로축, 가로축, 수직축을 중심으로 하는 운동 중 세로축에 대한 움직임. 세로축은 항공기 레이돔을 시작점으로 하여 동체 꼬리를 가르는 동체의 중심선으로 조종휠을 조작하여 날개 뒷전에 장착된 에일러론(aileron)의 각도 변화를 만들어 줌으로써 동체 중심선을 기준으로 좌우로 기우뚱거리는 운동이 이루어진다. 이때 왼쪽 날개, 오른쪽

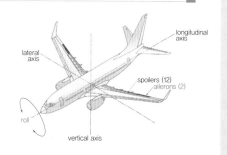

날개에 장착된 에일러론이 오르고 내리는 각도 차이를 주는 차동조종면으로 설계되어 안정적인 옆놀이 특성을 만들어 준다.

rotary wing aircraft 회전익 항공기　　　　　　　　　　　　　p. 1-2

엔진의 힘으로 로터(rotor)를 회전시켜 거의 대부분의 양력과 추력을 얻는 항공기. 항공안전법에서 회전익 항공기를 헬리콥터로 용어를 변경했으며, 항공기기술기준은 "대체로 수직축에 장착된 하나 또는 그 이상의 동력구동 회전익에 의한 공기의 반작용에 의해 부양되는 공기보다 무거운 항공기를 말한다"로 정의하고 있다.

rudder 방향타

p. 1-33

수직축을 중심으로 한 빗놀이 운동을 만들어 주기 위한 조종면. 수직안정판 뒷전에 장착되며 조종석 계기판 아랫부분에 장착된 페달의 움직임에 연동하며, 빗놀이의 안정성 확보를 위해 요댐핑(yaw damping) 기능이 적용된다.

ruddervator 러더베이터

p. 1-34

항공기의 비행특성을 고려하여 두 개의 조종면 역할을 하도록 만들어진 구성품. 러더(rudder)와 엘리베이터(elevator)의 기능을 한다.

score 긁힘

p. 3-133

움직이는 부품에 생긴 깊고 굵은 긁힘을 말한다.

scratch 긁힘

p. 3-133

작동 중 이물질 등에 의해 발생한 가는 선 모양의 긁힘을 말한다.

scriber 금긋기 도구

p. 3-8

판재의 절단선을 그릴 때 사용하는 끝부분이 예리한 공구. 강한 스크래치를 만들기 때문에 절단면이 아닌 곳에 사용하면 부식이 발생할 위험이 있다.

sealant 밀폐제

p. 1-24

재료의 표면이나 접합부를 통과하는 유체를 차단하는 데 사용하는 물질. 기계적 밀봉의 일종으로 연료탱크, 조종석 윈드실드 등 기밀을 위해 사용된다. 매뉴얼에서 지시하는 절차에 따라 혼합, 경화시간을 준수해야 한다. 현장에서는 밀폐제보다는 실런트라는 용어가 더 친숙하다.

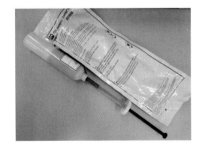

secondary flight control surfaces 2차 조종면

p. 1-35

항공기의 기본적인 3축운동을 위한 1차 조종면을 제외한 조종면. 1차 조종면의 안정적인 기능 수행을 위한 보조적인 역할을 수행하는 조종면으로서 spoiler, flap 등 여러 명칭으로 사용된다.

selvage edge 셀비지 에지 p. 2-4

복합소재에 사용되는 직물의 풀림을 방지하기 위해 단단하게 짜여진 가장자리의 마감부분을 말한다.

semi-monocoque structure 세미모노코크 구조 p. 1-11

항공기가 받는 힘을 골격과 외피가 동시에 지탱하는 트러스 구조와 모노코크 구조의 장점을 살린 구조. 세미모노코크 구조는 내부 공간이 넓을 뿐만 아니라 큰 외력에도 견딜 수 있으며, 외형의 곡면처리도 가능하므로 현대의 거의 모든 항공기들이 세미모노코크 구조를 채택하고 있다. 골격은 형태를 유지하면서 항공기에 걸리는 대부분의 하중을 담당하고, 외피는 유선형의 외형을 제공하면서 공기에 대한 압력을 골격에 분산해 전달하며 하중 일부를 담당한다.

servo tabs 서보탭 p. 1-40

1차 조종면과 기계적으로 연결되어 조종면의 움직임을 만들어 주는 탭. 조종면보다 작은 탭을 작동시키므로 적은 힘이 소요되며, 작동시킨 탭을 따라 흐르는 공기력이 힌지로 연결된 조종면의 움직임을 만든다.

shear strength 전단강도 p. 1-9

재료의 전단강도는 재료의 내부 구조가 스스로 미끄러지는 힘에 저항하는 능력을 말한다. 재료의 전단강도는 수직 또는 수평 방향으로 측정할 수 있다. 예를 들어 힘으로 인해 물체의 레이어가 수평 방향으로 미끄러지는 경우 재료는 수평 전단강도로 나타내고, 반대로 힘으로 인해 재료층이 수직 방향으로 미끄러지는 경우 재료는 수직 전단강도로 나타낸다.

shear stress 전단응력 p. 3-5

구조재에 가해지는 응력의 하나. 어떤 재료의 면에 접하는 접선방향으로 작용하는 힘을 말한다.

shrinking 수축

p. 3-86

금속 성형가공 공정의 하나. 금속의 길이를 줄일 때 사용하며, V-블록을 사용하여 각재를 연한 나무망치로 가볍게 두드려 가공해야 신장이 일어나지 않고 작업할 수 있다.

slats 슬랫

p. 1-38

이륙과 착륙 시 양력을 증가시켜 공기력 특성을 향상시키기 위해 날개 앞전에 장착된 작동면. 힌지를 중심으로 액추에이터(actuator)의 작동에 의해 앞쪽으로 날개 앞전이 움직이면서 아래쪽 공기 흐름이 상면으로 흘러 들어갈 수 있도록 형성된 틈을 만드는 앞전 플랩의 형태이다.

slip roll former 슬립 롤 성형공구

p. 3-34

항공기 날개 앞전이나 엔진 흡입구 등 큰 반지름 곡선이 있는 부분의 판재를 가공하기 위한 장비. 3개의 강철 롤러가 장착되어 결정한 굽힘반경으로 가공할 수 있다.

slot 슬롯

p. 1-37

날개 상면을 흐르는 공기의 박리를 지연시킬 목적으로 앞전을 지난 부분에 아랫면에서 윗면으로 공기가 흐를 수 있도록 만들어진 틈. 길이가 긴 에어포일(airfoil) 상면을 지나는 공기 흐름의 속도가 감소하면서 발생하는 박리를 예방하고자 아랫면의 공기 흐름을 유입시켜 에어포일 끝단까지 상면의 공기흐름 속도를 잃지 않고 층류형 흐름을 유지시켜 양력의 향상을 꾀한다.

slotted flap 슬롯 플랩

p. 1-37

운송용 항공기에 적용되는 보편적 형태의 플랩. 보통 파울러 플랩과 함께 구성되며, 여러 장으로 구성된 파울러 플랩과 플랩 사이에 공기가 지나갈 수 있는 틈인 슬롯을 형성하여 공기 흐름의 박리가 지연되면서 플랩 끝부분까지 공기흐름이 이어져 안정적인 양력의 확보가 가능하다.

solid shank rivet 솔리드 섕크 리벳

p. 3-46

항공기 구조물의 영구적 접합에 사용되는 패스너. 저렴하고 신뢰도가 높아 항공기 제작에 많이 사용되며, 필요에 따라 리벳 헤드 모양을 다양하게 갖추고 있다.

speed brakes 스피드 브레이크

p. 1-38

비행 중이거나 착륙 시 항공기 속도를 줄이기 위해 작동되는 스포일러(spoiler). 항공기 착륙 시 지상에 타이어가 접지되는 순간 auto mode로 작동하여 날개 상면에 접혀 있던 스포일러가 날개 상면의 공기흐름을 막도록 힌지를 중심으로 일어서서 막아 브레이크 역할을 한다.

split flap 분할플랩

p. 1-36

경량항공기에 적용되는 진화한 형태의 플랩. 날개의 뒷전 아랫면에 힌지로 장착된 날개의 절반 정도 두께인 평판 형태의 조종면을 작동시키면 상면판과 분리되면서 아랫면의 캠버가 증가하여 양력을 증가시킨다.

spoilers 스포일러

p. 1-38

항력을 증가시키는 동시에 양력을 감소시키기 위해 날개 상면에 상착된 2차 소종면. 날개 상면을 이루고 있다가 필요시 actuator의 작동에 의해 상면으로 전방의 힌지를 중심으로 들어올려져 상면의 유선형 공기흐름을 방해해서 양력을 감소시키며, 에어브레이크의 역할을 하거나 aileron의 보조 역할을 하는 flight spoiler와 온전히 고항력장치로 사용되는 ground spoiler로 구분된다.

spring back 스프링백

p. 3-32

판재의 굽힘 가공 작업 시 원하는 각도로 구부렸던 판재가 탄성에 의해 원래의 상태로 되돌아오는 현상. 스프링백 현상을 고려해서 판재 굽힘 작업 시 원하는 굽힘각보다 3° 정도 더 굽혀서 마무리한다.

squaring shear 정방형 전단기

p. 3-14

판금작업을 위해 그려진 도면의 모재를 절단하기 위한 장비. 절단작업 시 손가락이 절단될 수 있으므로 주의가 필요하며, 정확하게 절단하기 위해 절단선을 맞추는 작업에 세심한 주의가 필요하다.

stabilator 스태빌레이터

p. 1-34

항공기의 비행특성을 고려하여 두 개의 조종면 역할을 하도록 만들어진 구성품. 스태빌라이저(stabilizer)와 엘리베이터(elevator)의 기능을 수행한다.

stain 얼룩

p. 3-133

금속 표면에 생긴 열변형에 의한 변색

stakes 쇠모루

p. 3-41

판재의 굽힘 가공을 위한 받침. 대형 장비를 사용하기 불편한 작은 크기의 굽힘 작업을 수작업으로 수행하기 위한 공구로, 모서리의 굽힘 가공을 위한 볼, 스크루 모양 등으로 제작되어 있으며, 플라스틱 해머 등과 세트로 사용된다.

stall fence 실속펜스
p. 1-43

날개의 상면이나 엔진 카울의 상·하면의 접촉면에 수직으
로 장착된 판재. 날개나 엔진 카울을 지나는 흐름에 교란
이 생겨 날개의 root에서 tip 방향으로의 공기 흐름을 막고,
엔진 주변을 지나는 공기 흐름에 소용돌이가 발생하여 후
방에 장착된 조종면에 부정적 영향을 주지 않도록 직선 흐
름이 되도록 유도하는 장치이다.

steering 조향
p. 1-34

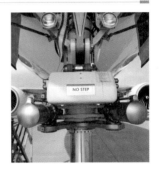

지상에서 항공기의 움직이는 방향을 조정해 주는 것. 일반
적으로 앞바퀴의 움직임을 작동기로 제어하며, 항공기가 활
주로를 고속으로 질주하고 있을 경우 좌우 움직임의 각도를
제한하기 위해 페달로 작동한다. 저속으로 움직이는 경우
활주로 끝단에서 큰 각도로 회전할 경우 스티어링휠(steering
wheel)로 작동 명령을 내리며, 노즈 랜딩기어 스트럿에 장착
된 스티어링 액추에이터와 칼러가 토크링크에 연결된 하부
실린더를 움직여 반향 전환을 한다.

stiffener 보강재
p. 1-17

좌굴에 대해 다른 부재를 강화하거나 하중을 분산시키거나
전단을 전달하는 데 사용되는 부재. 일반적으로 부재의 세
로축에 수직으로 접합되는 평평한 바, 플레이트 또는 앵글
의 형태로 만들어진다.

stress 응력
p. 1-8

외부의 힘을 받아 변형을 일으킨 물체의 내부에 발생하는 단위면적당 힘. 물체를 찍어 누
르려는 외력을 압력이라고 한다면 응력은 힘을 얼마나 견딜 수 있는지를 나타내는 내재력
이다.

stress analysis 응력해석

p. 1-7

응력이란 물체에 가해지는 외력에 대한 물체의 저항력을 말하며, 응력해석은 이러한 저항력을 해석하는 수학적 계산을 말한다. 주변환경이 급변하는 항공우주 분야나 유동인구가 발생하는 토목·건축 분야에서 많이 사용되고 있다. 응력에 대한 계산을 잘 못한다면, 물적 피해는 물론이고 인명피해도 발생할 수 있다.

stressed skin design 응력외피설계

p. 1-24

truss와 같은 frame 위주의 구조부재 대신에 기체에 가해지는 하중의 일부를 skin이 담당하도록 설계하는 디자인. skin이 하중을 전담하는 monocoque, frame 또는 ring과 같은 수직부재와 skin이 함께 하중을 담당하는 semi-monocoque 구조에 적용되며 full frame 구조보다 가볍고 설계가 복잡하지 않다.

stretching 신장

p. 3-86

금속 성형가공 공정의 하나. 금속 판재를 해머 등으로 두드려 얇게 늘리고, 굴곡지게 가공하는 것을 말한다.

stringer 스트링거

p. 3-3

former 또는 frame 등 동체 구조재에 항공기의 세로 방향으로 배치되는 보강재. 동체의 주요 구성품 중 former 또는 frame 사이 사이, 날개의 경우 spar와 rib 사이에 다수의 stringer를 장착하여 외피에 작용하는 공기역학적 부하를 frame에 전달하는 역할을 한다.

structure repair manual (SRM) 구조수리매뉴얼

p. 1-47

항공기의 주요 구조부재 수리를 위한 매뉴얼. 항공기 운용 중 발생하는 접촉사고, 부식, 하중 등에 의한 결함 시 수리를 위해 필수적으로 참고하는 매뉴얼로서 SRM에 제시되지 않는 범위의 수리는 제작사로부터 지원받아야 한다.

tabs 탭
p. 1–39

조종력을 경감시켜 주거나 비행 중 한쪽으로 쏠리는 움직임을 수정하기 위해 조종면 뒤쪽 끝부분에 장착되는 2차 조종면. 오래된 경량항공기의 경우 지상에서만 수정이 가능한 고정형 탭이 사용되기도 하였는데, 현재 대부분의 항공기가 조종석에서 조절이 가능한 형태의 탭을 사용한다.

tang 탱
p. 3–20

주물로 만들어진 줄의 손잡이와 연결하는 끝부분 또는 힌지의 한쪽 돌출 부분

temporary sheet fastener 임시 판재 고정장치
p. 3–44

알루미늄 판재 가공 시 판재를 고정하기 위한 임시 패스너. 다양한 길이로 제작되며 클레코와 비교할 때 장착력이 더 강하다.

tension stress 인장응력
p. 3–4

구조재에 가해지는 응력의 하나. 축방향 양쪽으로 잡아당기는 힘

thermal conductivity 열전도율
p. 4–33

재료의 열전달 능력의 척도. 열전도도가 낮은 재료는 열전도율이 높은 재료보다 열전달이 더 낮은 속도로 진행된다. 스티로폼과 같은 절연재는 단열재로 사용되며, 열전도율이 높은 금속재료의 경우 방열판 등의 응용 분야에 사용된다.

thermoplastic resin 열가소성수지
p. 6–11

특정 고온에서 유연하거나 성형이 가능해지고 냉각 시 응고되는 플라스틱 폴리머 재료. 대부분의 열가소성 플라스틱은 온도 상승에 따라 빠르게 약화되어 점성 액체를 생성하고 이 상태에서 사출성형, 압축성형 등의 방법으로 형상을 만든다.

thrust reversers 역추력장치
p. 1–39

대형화된 항공기의 무게 증가로 인해 브레이크만으로 정해진 길이의 활주로 안에서 안전하게 정지하기에는 비가 오거나 눈이 오는 등의 환경 변화에 적절하게 작동하기 어렵기 때

문에 엔진에서 만들어진 추력의 방향을 변경하여 브레이크 작동을 얻기 위해 고안된 구성품. 배기가스의 흐름을 막아 전방으로 뿜어져 나가게 하는 기계적 차단방식(mechanical blockage)과 팬 에어의 흐름을 막아 전방으로 뿜어져 나가게 만드는 공기역학적 차단방식(aerodynamic blockage)으로 나뉜다.

topcoats 마무리칠
p. 2-10

우포 항공기의 천 외피가 접착되고 필러가 마무리된 후 외관을 완성하기 위한 마무리 도포 작업 또는 페인트 작업의 마지막 단계 도포작업을 말한다.

torsion stress 비틀림 응력
p. 3-5

구조재에 가해지는 응력의 하나. 샤프트에 회전력이 가해졌을 때 단위면적당 비틀리려는 힘으로, 비틀림 응력은 물체의 단면상에 존재하며 접선 방향으로 작용하므로 전단응력에 해당한다.

trim tabs 트림탭
p. 1-40

엘리베이터나 방향타와 같은 주 조종면의 뒷부분 가장자리에 장착된 2차 조종면. 비행 중 한쪽으로 쏠리는 움직임을 수정하기 위해 주 조종면에 장착되며, 비행하는 동안 지속적인 수정의 반복이 조종사의 육체적, 정신적 피로를 유발할 수 있기 때문에 쏠림의 반대쪽 방향으로 수정되도록 탭을 활용한다.

truss structure 트러스 구조
p. 1-10

단단한 구조를 만드는 빔 또는 직선 부재들의 조립체. 엔지니어링에서 트러스는 조립된 구조물 전체가 하나의 객체처럼 작동하도록 두 힘 부재로만 만들어진다. 일반적으로 노드라고 하는 조인트에서 끝이 연결된 직선 부재로 구성된 5개 이상의 삼각형 단위로 만들어진다. 제작이 간단하여 초기 항공기 동체를 만드는 데 사용되었고, 헬리콥터의 boom 등에서 사용한 사례를 볼 수 있다.

tungsten inert gas welding (TIG welding) 텅스텐 불활성기체 용접   p. 4-6

텅스텐 전극을 사용하며, 아르곤·헬륨 등의 불활성가스로 보호하는 용접으로 알루미늄, 마그네슘합금, 티타늄, 스테인리스강 등 비철합금 접합에 사용하는 용접방식이다.

turbine inlet temperature (TIT) 터빈입구온도   p. 1-54

가스터빈엔진의 연소 섹션에서 나오는 가스가 터빈입구 가이드 베인 또는 터빈의 1st stage로 들어갈 때의 가스 온도. 터빈입구의 온도가 높으면 엔진 수명이 크게 감소하므로, 압축비가 동일한 조건에서 터빈입구온도와 정비례 관계에 있는 배기가스 온도가 정해진 온도 범위를 넘지 않도록 관리할 필요가 있다.

ultrasonic inspection 초음파검사   p. 6-25

초음파 전파를 기반으로 하는 비파괴 검사방법의 하나. 짧은 초음파 펄스가 재료로 전송되어 내부 결함을 감지하며, 강철 및 금속 합금과 콘크리트, 목재 및 복합재료에도 사용이 가능하다.

unidirectional tape 단향성 테이프   p. 6-5

복합소재의 일종. 열가소성수지가 함유된 섬유가 한 방향으로 늘어선 형태로 제작되며, 섬유 방향으로는 고강도를 갖지만 섬유에 직각인 방향으로는 강도가 존재하지 않는다.

upsetting 단압   p. 3-134

정상 윤곽이나 표면을 넘어서는 재료의 이탈. 단조 가공한 것처럼 부분적인 부풀어 오름이나 튀어나온 형상으로 나타난다.

vaccum bag 진공백   p. 6-31

습식 레이업 공정 중 균일한 경화제의 침투를 확보하기 위한 공정. 적층판에 압력을 가하기 위해 플라스틱 필름으로 밀봉하고 진공 펌프로 공기를 제거해 준다.

visual inspection 육안검사   p. 6-23

시각·청각·촉각·후각 및 일반적인 검사장비를 활용하여 항공기, 장비품 등을 검사하는 것

vortex generator 와류발생장치

p. 1-43

날개 상면이나 후방 동체 꼬리 부분에 장착되어 동체면에 수직으로 서 있는 작은 판재. 경계층 흐름이 지속되도록 속도가 낮아진 부분에 장착되어 흐름에 변화를 줌으로써 흐름이 지속될 수 있도록 한다.

walkway 통행로

p. 1-51

semi-monocoque 형태로 만들어진 날개 구조물의 손상 방지를 위해 통행이 가능하도록 정해진 구역. 구조적으로 취약한 부분의 손상을 방지하기 위하여 접근 제한구역을 설정하여 정비작업을 위해 진입할 때 필요한 구역을 명확하게 표시해 준다.

water line(WL) 워터라인

p. 1-49

항공기 운용 중 발생하는 수리 개조 등의 정비작업 시 참고할 수 있도록 동체 구조물 안쪽에 표시된 기준면에서 개별 구조물까지의 거리 표시. 수면이 차오르는 것처럼 기준면을 중심으로 수직한 면으로 측정된 거리값으로, 항공기 형식별로 기준면이 설정되어 있으며, 통상 cabin floor panel 상면을 기준면으로 활용한다.

web 웨브

p. 1-17

I자형 또는 T자형 빔의 상하면 플랜지 사이의 수직 구조부재. 압축응력을 지지하는 플랜지와 전단응력을 지지하며 결합된 굽힘응력을 견디기 위해 얇은 판재 형태로 장착된다.

wheel well 휠웰

p. 1-51

retractable landing gear를 장착한 항공기가 비행 시 기어를 접어 넣을 수 있도록 만들어진 공간. 항공기 배면에 위치하며, hydraulic system 등 주요 구성품들이 모여 있고, 다양한 시스템의 튜브와 케이블이 지나가며 각종 fluid가 통과하는 공간으로 화재의 위험이 높아 화재감지장치가 장착된다.

windshield 윈드실드

p. 1-52

조종석에서 항공기 외부를 명확하게 확인할 수 있도록 만들어진 창. -56.5℃에 노출된 대기 중을 비행하기 때문에 anti-icing, de-fogging 기능이 적용되며, 강한 비에 노출되더라도 시야를 확보할 수 있도록 wiper, hydrophobic coating 기능이 포함되어 있다. 경우에 따라서 여닫이 형태로도 제작된다.

wing ribs 날개 리브

p. 1-19

항공기 동체 프레임이 수행하는 것과 유사한 기능인 날개 부분의 모양을 유지하기 위한 날개 구조부재. main spar에 장착되며 루트에서 팁까지 지정된 간격으로 장착됨으로써 날개의 에어포일 모양을 형성하고 wing skin에 외부 하중을 전달하며 stringer의 길이를 줄여 주는 역할을 한다.

wing spars 날개보

p. 1-17

고정익항공기 날개의 span 방향으로 장착된 메인 구조부재. 동체의 주요 부재인 longeron에 장착되어 비행 하중과 지상에 있는 동안 날개의 하중을 담당하며, 리브와 같은 성형부재

가 장착되는 base 역할을 하기 위해 전방
spar와 후방 spar가 장착된다.

winglet 윙렛

p. 1-42

날개 끝부분에 발생하는 소용돌이 효과로 인한 유도항력을
줄여주기 위해 날개 끝부분에 장착된 수직에 가까운 판재.
비행 중 날개 상하면을 흐르는 공기력으로 인해 wing tip 쪽
에 발생하는 vortex에 의한 내리누르는 공기흐름을 동반한
유도항력을 막아주어 총항력을 줄이고, 이륙 및 상승성능
을 개선하고 연료 소비를 줄이는 역할을 하며, 뒤따라오는
항공기에 위험을 초래하는 날개 끝 와류의 강도를 감소시킨
다. B737 항공기의 경우 연료소비 감소효과가 큰 것이 확인
되어 winglet을 추가로 장착하는 개조작업 SB가 수행되었다.

wiring diagram manual 배선도 매뉴얼

p. 1-47

항공기에 공급되고 있는 전력의 흐름을 그림으로 설명한 매뉴얼. 각각의 시스템의 개략적
인 설명부터 하나의 구성품에 공급되고 있는 세세한 부품의 연결까지 확인할 수 있다.

yawing motion 빗놀이운동

p. 1-30

항공기의 세로축, 가로축, 수직축을 중심으로 하는
운동 중 수직축을 중심으로 하는 움직임. 세로축과
가로축의 교차점에 위치한 수직축을 중심선으로,
조종석의 좌우 페달을 밟아 vertical stabilizes 뒷전
에 장착된 rudder의 각도 변화를 만들어줌으로써
항공기 기수 부분의 좌우 회전운동이 이루어진다.

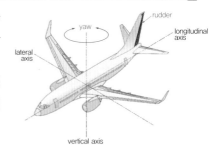

항공기에 장착된 각각의 구성품의 위치를 명확하게 알 수 있도록 주요 구성품을 구분한 번호체계. 존넘버를 기준으로 항공기에 장착되는 access panel 번호가 구성되도록 하는 sub number system을 갖고 있으며, 하부 동체 100, 상부 동체 200, 후방 동체 300, 엔진 나셀 400, 왼쪽 날개 500, 오른쪽 날개 600, landing gear 700, door 800으로 구성된다.

| Index |